Susanne Fetzer

Im Herzen jung und voller Schwung

Susanne Fetzer

Im Herzen jung und voller Schwung

Neue Ideen für unvergessliche Stunden im Frauenkreis

R BROCKHAUS

Die Bibelzitate wurden, wenn nicht anders genannt,
folgender Übersetzungen entnommen:
Lutherbibel, revidierter Text 1984,
durchgesehene Ausgabe in neuer Rechtschreibung,

Umschlag: Dietmar Reichert, Dormagen
Gesamtherstellung: Breklumer Druckerei Manfred Siegel KG
ISBN 3-417-24753-5
Bestell-Nr. 224 753

INHALT

Eine haarige Sache

Ein zuckersüßer Nachmittag – nicht nur für Schleckermäuler

Gereimte Erinnerungen – das Poesiealbum

Das Leben ist (k)ein Puzzlespiel

Knoten über Knoten

Hinweise zu den Liedern

Gesangbuchlieder:

Einige der angegebenen Lieder aus dem *Evangelischen Gesangbuch* (EG) finden sich nur in verschiedenen Regionalteilen. Die Abkürzungen bei den Liedangaben beziehen sich auf folgende Gesangbuchausgaben:

BEL	Baden/Elsass/Lothringen
BT	Bayern/Thüringen
HN	Hessen-Nassau
KW	Kurhessen-Waldeck
M	Mecklenburg
N	Nordelbien
NB	Niedersachsen/Bremen
Ö	Österreich
OL	Oldenburg
P	Pfalz
R	Reformierte Kirche
RWL	Rheinland/Westfalen/Lippe
W	Württemberg

Sonstige Lieder:

Texte zu den Liedern ohne Quellenangabe finden Sie am besten im Internet:

www.lyricsweb.de (moderne Songtexte und Schlager)
www.musikarchiv-online.de (Texte von Volksliedern)

Eine haarige Sache

1. Das Thema

Haare sind etwas Besonderes. Das haben Menschen schon seit Jahrtausenden so empfunden. Haare sind für das Aussehen eines Menschen enorm wichtig. Kurz oder lang, glatt oder lockig, rot, blond, schwarz, braun, weiß oder grau: Das Gesicht und damit die ganze Person wird durch die Haare entscheidend geprägt. Deshalb stehen Haare seit jeher im Zentrum der Schönheitspflege. Und eine neue Frisur ist oftmals auch sichtbarer Ausdruck eines neuen Selbstverständnisses.

Aber den Haaren haftet auch etwas Mythisches an. Durch ihr immer währendes sichtbares Wachsen gelten sie als Ausdruck der Lebenskraft. Lange, ungeschnittene Haare waren durch die Geschichte hindurch meist Kennzeichen der Freiheit, das Abschneiden der Haare ein Akt der Demütigung und Unterwerfung.

Jesus zeigt uns mit dem Hinweis auf unser Haar die große Fürsorge Gottes, wenn er sagt: »Nun aber sind auch eure Haare auf dem Haupt alle gezählt« (Matthäus 10,30).

2. Assoziationen

a) Stichworte und Redewendungen

Stichworte und Redewendungen zum Thema gibt es fast so viele wie Haare auf dem Kopf. Hier eine Auswahl der wichtigsten:

Stichworte:

Haarwuchs, Haarschnitt, Haarwurzel, Haarläuse, Haarkranz, Haarfarbe, Haarpracht, Haarschopf, Lockenkopf, Bubikopf, Pagenschnitt, Bürstenschnitt, Styling, Haarsträhne, Dauerwelle, Friseur, Barbier, Coiffeur, Figaro, Perückenmacher, Mähne, Locken, Naturkrause, Wuschelkopf, Haarzopf, Dutt, Knoten, Nest, Pferdeschwanz, Pony, Korkenzieherlocken, Mozartzopf, Rastazöpfe, graue Schläfen, Perücke, Haarteil, Toupet, Glatze, Platte, Tonsur, Geheimratsecken, Barthaare, Schamhaare, Tierhaare, Rosshaarkissen

waschen, schneiden, föhnen, ondulieren, färben, toupieren, kämmen, bürsten, pflegen, frisieren (Haare, Autos, im Sinne von »beschönigen«), blondieren, haaren

blond, schwarz-, grau-, rot-, braun-, weißhaarig, brünett
haarscharf, haargenau, haarklein, haarsträubend, haarfein, haarig

Redewendungen:

- jemandem stehen die Haare zu Berge
- die Haare sträuben sich
- um Haaresbreite, um ein Haar
- eine haarige Sache
- ein Haar in der Suppe finden
- Haare auf den Zähnen haben
- an den Haaren herbeigezogen
- man kann niemandem ein Haar krümmen
- die Haare raufen
- Haare lassen
- bis in die Haarspitzen
- an niemandem ein gutes Haar lassen
- der Kopf wächst durch die Haare (eine Glatze bekommen)
- mehr Schulden als Haare auf dem Kopf haben
- einen alten Zopf abschneiden
- sich an den eigenen Haaren aus dem Sumpf ziehen
- darüber lasse ich mir keine grauen Haare wachsen
- das kannst du dir in die Haare schmieren
- das hängt an einem Haar
- der gleicht einem anderen aufs Haar

– sich in den Haaren liegen/in die Haare kriegen
– jemandem die Haare vom Kopf fressen
– mit Haut und Haaren
– vor einem grauen Haupte ...
– jemanden über den Löffel barbieren
– jetzt ist der Bart ab
– beim Barte des Propheten
– Streit um des Kaisers Bart

Was man für die Haare so alles braucht:

Bürste (z.B. Natur-, Rund-, Plastik-, Elektro-, Drahtbürste), Kamm, Haarnadeln, Klipse, Lockenwickler, Papilloten, Schere, Haarspray, Shampoo, Gel, Föhnschaum, Haarfestiger, Haarlack, Haarwachs, Pomade, Haartrockner, Trockenhaube, Föhn, Kreppeisen, Lockenstab, Haarmasche, Haarnetz, Haarnadel, Frisiertisch, Frisierumhang, Haarreif, Haargummi

Weitere Assoziationen:

– Haargefäße, Haarstern (Komet), Frauenhaar (Moosart), Haarwild (Jägersprache: Haare tragendes Wild), Haarnadelkurve, Haarspalterei, Haargarn, Haarriss, Haarspitzenkatarrh (Kopfschmerzen), Haargurke (Kürbisgewächs)
– ein kühles Blondes, Blondinenwitze, graue Eminenz
– Loreley, Beatles, Pippi Langstrumpf hat rote Haare, Skalp bei Indianern
– Münchhausen zog sich an den eigenen Haaren aus dem Sumpf
– »Der Struwwelpeter« (altes Kinderbuch)
– »Figaros Hochzeit«, Oper von Wolfgang A. Mozart (1786)
– »Der Barbier von Sevilla«, Oper von Gioacchino Rossini (1816)
– Musical »Hair« von Galt McDermot (1967)
– Locke eines Babys wird aufbewahrt
– Bei einer Chemotherapie fallen oftmals die Haare aus
– Bundeskanzler Schröder: Haarfärbestreit
– Durch eine »Haaranalyse« können eingenommene Substanzen nachgewiesen werden (z.B. im Sport: Christoph Daum)

- Haare wurden auch zum Flicken von Spitzen und Feinstrumpfhosen verwendet.

Sprichwörter:

- »Haar fesselt stärker als das dickste Eisenseil.« (Russland)
- »Haar und Schaden wachsen alle Tage.« (Schweiz)
- »Graues Haar soll man ehren. Ein kahles Haupt ist eine Verbeugung wert.« (Estland)
- »Haarspalterei zersetzt den Charakter eines Menschen.«
- »Ein Haar in der Suppe missfällt uns sehr, selbst wenn es vom Haupt der Geliebten wär.« (Wilhelm Busch)
- »Ein Haar auf dem Kopf ist relativ wenig, ein Haar in der Suppe ist relativ viel.«

b) Worte aus der Bibel

Haare in biblischer Zeit:

In Israel trugen Männer und Frauen langes Haar. Bei den Männern wurde es von Zeit zu Zeit mit dem Schermesser geschnitten. Dabei waren bestimmte Arten des Haarschnittes, die aus heidnischer Tradition stammten, verboten. Zur Haarpflege verwendeten Männer und Frauen Öl.

Bei der Levitenweihe (4. Mose 8,7) und der Reinigung der Aussätzigen (3. Mose 14,8) wurde der ganze Körper kahl geschoren. Auch kriegsgefangene Frauen mussten vor ihrer Heirat mit einem Israeliten ihr Haar abschneiden (5. Mose 21,12). Menschen zeigten ihre tiefe Trauer ebenfalls durch das Abscheren der Haare (z.B. Jesaja 7,29; Hesekiel 7,18; Micha 1,16). Sonst galt Kahlköpfigkeit als Schande und Menschen mit Glatze wurden verspottet.

Genau andersherum war es bei den Menschen, die sich für eine bestimmte Zeit oder für ihr ganzes Leben Gott weihten. Sie durften während dieser Zeit ihr Haupthaar nicht abschneiden (4. Mose 6,5).

Nach: Fritz Rienecker, Lexikon zur Bibel

Weitere Stellen:

3. Mose 19,32: »Vor einem grauen Haupt sollst du aufstehen und die Alten ehren ...« (vgl. auch Sprüche 16,31; 20,29).

Hiob 4,15: Hiobs Freund stehen vor Furcht die Haare zu Berge.

Psalm 23,5: »Du salbest mein Haupt mit Öl.«

Psalm 40,13: David bekennt, dass er mehr Sünden als Haare auf dem Kopf hat (ähnlich Psalm 69,5 im Blick auf Davids Feinde).

Die Schönheit der Haare eines Mannes bzw. einer Frau wird in ungewohnten Vergleichen im Hohen Lied Salomos beschrieben (Hoheslied 5,11; 6,5; 7,6).

Jesaja 46,4: »... ich will euch tragen, bis ihr grau werdet« (vgl. auch Psalm 71,18).

Matthäus 3,4: Johannes der Täufer trägt ein Gewand aus Kamelhaar.

Matthäus 5,36: Man soll nicht bei seinem Haupt schwören, »denn du vermagst nicht ein einziges Haar weiß oder schwarz zu machen«.

Matthäus 10,30: »Nun aber sind auch eure Haare auf dem Haupt alle gezählt« (vgl. auch Lukas 12,7; 21,18).

Apostelgeschichte 27,34: Paulus ermutigt bei einem Seesturm seine Mitreisenden: »... es wird keinem von euch ein Haar vom Haupt fallen.«

1. Korinther 11,6: Eine Frau soll mit bedecktem Haupt beten.

1. Petrus 3,3: »Euer Schmuck soll nicht äußerlich sein wie Haarflechten, goldene Ketten oder prächtige Kleider ...«

Geschichten:

1. Mose 25,19-34; 27,1-40: Jakob und Esau

Der erstgeborene Esau war von Geburt an stark behaart. Als Jakob sich den Erstgeburtssegen von seinem Vater erschleichen möchte und sich als Esau ausgibt, legt er deshalb um Hände und Hals ein Fell. So hatte der blinde Vater beim Betasten seines Sohnes den Eindruck, den behaarten Esau vor sich zu haben.

Richter 13-16: Simson
Simson war der Sohn einer bis dahin unfruchtbaren Frau. Er war von Geburt an ein Gottgeweihter, dessen Haare nicht abgeschnitten werden durften. Simson war außerordentlich stark. Eines Tages verriet er seiner Frau Delila das Geheimnis seiner Kraft: »Wenn ich geschoren würde, so wiche meine Kraft von mir, so dass ich schwach würde wie alle andern Menschen« (Richter 16,17). Daraufhin ließ Delila seine Haare abschneiden, Simsons Kraft schwand und er wurde gefangen genommen. Dann aber fing Simsons Haar wieder an zu wachsen. Ein letztes Mal kehrte sein Kraft zurück, als er sich an seinen Feinden rächte. Er brachte bei einem Opferfest die beiden Mittelsäulen eines Tempels zum Fallen und starb zusammen mit einer großen Zahl seiner Feinde.

2. Samuel 13-19,9: Absalom
In ganz Israel gab es keinen Mann, der so schön war wie Absalom, ein Sohn Davids (2. Samuel 14,25). Einmal im Jahr wurde sein Haupt geschoren, weil sein Haar sonst zu schwer geworden wäre. Das abgeschnittene Haar wog dabei rund 2,4 kg. Bei seinem Tod spielte Absaloms Haar eine verhängnisvolle Rolle: Auf der Flucht vor den Männern seines Vaters blieb er beim Reiten mit seinem Haar in den Ästen einer großen Terebinthe hängen. Dort wurde er von einem Gegner gefunden und getötet (2. Samuel 18).

Lukas 7,36-50:
Die Sünderin netzt mit ihren Tränen Jesu Füße und trocknet sie mit ihren Haaren.

Johannes 12,1-11:
Maria salbt Jesu Füße in Bethanien und trocknet sie mit ihren Haaren.

c) Lieder

EG 46: Stille Nacht, heilige Nacht ..., V. 1: ... holder Knabe im lockigen Haar

EG 112: Auf, auf, mein Herz, mit Freuden ..., V. 4: Die Höll und ihre Rotten, die krümmen mir kein Haar ...
EG 495: O Gott, du frommer Gott ..., V. 6: … dass ich mit Ehren trag, all meine grauen Haar
EG 380: Ja, ich will euch tragen bis zum Alter hin ..., V. 2: Ihr sollt nicht ergrauen, ohne dass ich's weiß

»Ich weiß nicht, was soll es bedeuten« (Die Loreley, H. Heine)
»Das Lieben bringt groß Freud«, V. 2: ... sie hat schwarzbraunes Haar
»Gold und Silber lieb ich sehr«, V. 2: Doch viel schöner ist das Gold, das vom Lockenköpfchen meines Liebchens niederrollt in zwei blonden Zöpfchen. V. 3: Denk ich doch im Silberhaar gern der Jugendzeiten (Aug. Schnetzler)
»Es wollt ein Jägerlein jagen«, V. 3: ... ich möcht ein Kränzlein tragen auf meinem blonden Haar, ja Haar
»Heißa Kathreinerle«, V. 2: ... fliegen die Zöpfe
»O hängt ihn auf«, V. 6: O wie es glänzt ... in deinen goldnen Haaren (Mundorgel, Nr. 220)

»Siebzehn Jahr, blondes Haar« (Schlager von Udo Jürgens)
»Ein graues Haar« (von Pur)

3. Andacht und Gebet

Ein Besuch beim Friseur ist eine wohltuende Sache. Viele Frauen empfinden das so. Sie gehen gern hin. Der Friseurbesuch hat einen wichtigen Platz im Terminkalender.

Zum Friseur zu gehen – das bedeutet: mal endlich ein oder zwei Stunden für sich allein zu haben. Raus aus dem Alltag. Sich einmal um seine eigenen Bedürfnisse kümmern. Sich etwas Gutes gönnen. Und wenn man sich anschließend, frisch und duftend frisiert, wieder richtig hübsch vorkommt, dann tut das auch dem eigenen Selbstbewusstsein gut.

Ein Friseurbesuch tut gut. Man darf sich hinsetzen und zurücklehnen, entspannen und sich wohl fühlen. Mancherorts wird man sogar mit schöner Musik und einer Tasse Kaffee verwöhnt. Ein kleines Schwätzchen oder das Blättern in Illustrierten gehört ebenfalls dazu.

Aber das Wichtigste ist die Haarbehandlung. Zwischen einer halben und zwei Stunden ist die Friseurin oder der Friseur ganz für mich da, wendet sich mir ganz zu, kümmert sich um mein Aussehen und Wohlbefinden. Ich stehe für eine Zeit ganz im Mittelpunkt. Das ist eine Situation, die wir in unserem Alltag sonst selten erleben.

Aber die Friseurin hat nicht nur Zeit für mich. Ihre Zuwendung drückt sich auch in der körperlichen Berührung aus. Beim Waschen der Haare massieren ihre Finger die Kopfhaut wohl tuend. Sie rubbelt mit einem Handtuch die Haare trocken, schneidet sie, pflegt sie, föhnt sie. Da spürt man Kamm, Schere und Lockenwickler auf der Kopfhaut. Aber immer wieder sind auch die Hände der Friseurin zu spüren. Und dieses körperliche Berührt-Werden tut vielen Menschen gut.

Vor vielen Hunderten von Jahren gab es in Israel noch keinen Friseursalon wie bei uns heute. Aber auch die Menschen damals pflegten ihre Haare und ihren Körper. Dabei spielten Öle eine wichtige Rolle. Mit Salböl wurde die trockene Haut nach dem Waschen eingesalbt und das Haar gepflegt. Meist wurde dazu Olivenöl verwendet und oft war es mit bestimmten Duftstoffen angenehm parfümiert.

Den Friseurbesuch bei Musik und Kaffee gab es damals noch nicht. Aber es gab etwas anderes. Es gab eine spezielle wohl tuende Kopfbehandlung, die ganz allein dazu gedacht war, dass sich die Menschen rundum wohl fühlten. Und diese »Kopfbehandlung« fand statt, wenn man irgendwo eingeladen war: Kam der Gast in das Haus des Gastgebers, dann wurde ihm Öl auf seinen Kopf geträufelt und der Gast wurde vom Gastgeber selbst eingesalbt. Dieser Brauch drückte Zuwendung und Wertschätzung aus. Und es war fast ein wenig wie heute bei uns beim Friseur. Denn auch die Menschen damals freuten sich sicher darüber, verwöhnt zu werden.

Berührt zu werden. Massiert zu werden. Auch ihnen tat die Entspannung gut. Sie freuten sich über die erfrischenden und belebenden Düfte, die die Öle entfalteten. Es gibt eine ganz bekannte Stelle in der Bibel, in der von solch einer Salbung bei einem Gastessen erzählt wird. Sie alle kennen diese Stelle. Schon die Kinder in der Grundschule lernen sie.

Können Sie sich vorstellen, welche Stelle gemeint ist? (Antworten abwarten!)

Es ist eine der bekanntesten Stellen der Bibel, der Psalm 23. Der Psalm vom guten Hirten. Und in diesem Psalm heißt es: »Du bereitest vor mir einen Tisch im Angesicht meiner Feinde. Du salbest mein Haupt mit Öl und schenkest mir voll ein.« Dieser Teil des 23. Psalms berichtet also von einem Gastmahl. Gott ist der Gastgeber, wir sind seine Gäste.

Gott lädt uns zu sich ein. Und als guter Gastgeber salbt er selbst unseren Kopf mit Öl. So wie es in Israel bei einer Einladung Brauch war. Er zeigt uns dadurch seine Nähe, er wendet sich uns zu. Er will, dass wir uns wohl fühlen, dass es uns gut geht. Deshalb tut er uns Gutes.

Gott lädt uns zu sich ein. Er salbt uns als den Gästen unseren Kopf. Und er bereitet vor uns einen Tisch: Er tischt uns auf. Essen und Trinken, alles, was wir brauchen. Und er ist nicht knauserig. »Du schenkest mir voll ein«, sagt der Psalmbeter zu Gott. Diese Erfahrung hat er bei Gott gemacht. Gott schenkt den Becher voll, randvoll. Einen Gastgeber, der seine Gäste so großzügig behandelt, kann man nur weiterempfehlen! Viele Menschen denken, dass Gott uns nichts gönnen wolle, uns kurz halte, uns nur das Allernotwendigste zugestehe. Aber Gott ist ganz anders. Er meint es gut mit uns. Sehr gut sogar.

Er gibt uns nicht nur so viel, dass es eben gerade mal zum Leben reicht. Gott schenkt uns voll ein – er gibt reichlich, im Überfluss.

Damit wir das so richtig verstehen, wird hier im Psalm 23 in diesen anschaulichen Bildern von Gottes Einladung berichtet. Vom Salben des Gastes und vom Mahl an Gottes Tisch. Es ist ein großes Vertrauen, das aus den Worten des Psalms 23 spricht:

»Du bereitest vor mir einen Tisch im Angesicht meiner Feinde. Du salbst mein Haupt mit Öl und schenkst mir voll ein (»Mein Becher fließt über«, übersetzt die Elberfelder Übersetzung). Gutes und Barmherzigkeit werden mir folgen mein Leben lang und ich werde bleiben im Hause des Herrn immerdar.«

Ein großes Vertrauen spricht aus diesen Versen. Das Vertrauen, dass Gott es gut mit mir meint. Dass er für mich sorgen wird. Dass er mich nicht im Stich lässt. Auch wenn die Situation um mich herum alles andere als rosig ist. Der Tisch wird gedeckt – auch im Angesicht der Feinde.

Gott ist ein großzügiger Gastgeber. Zu ihm darf ich kommen. Bei ihm darf ich auftanken. Kräfte sammeln. Zuwendung erfahren. An Leib und Seele. Von Kopf bis Fuß, sogar bis in die Haarspitzen hinein.

Gebet:

Vater im Himmel,

wir danken dir, dass wir dir nicht egal sind. Unser Alltag ist oft voller Geschäftigkeit und Sorgen. So viel gibt es zu tun, an so viel ist zu denken. Das siehst du und deshalb lädst du uns zu dir ein an deinen Tisch. Bei dir dürfen wir zur Ruhe finden, neue Kräfte sammeln und Zuwendung erfahren. Du gibst uns, was wir zum Leben brauchen.

Früher hat ein freundlicher Gastgeber den Kopf seiner Gäste eingesalbt. Das war wohltuend und erfrischend. Wie ein solcher Gastgeber möchtest du auch uns in unserem Alltag immer wieder erfrischen und uns wohl tun. Und dafür danken wir dir. Amen.

Als *passendes Lied* eignet sich: EG Regionalteil W 586: »Gott gibt ein Fest, und alle sollen kommen« (s. gegenüberliegende Seite).

2. Er sagt: Kommt her, ihr seid zu Tisch geladen.
Was ihr ersehnt, das findet ihr bei mir.
Wer Hunger hat, der findet bei mir Speise,
und wer sich so gesättigt, der wird froh.

3. Gott lädt noch ein, sein Tisch ist vorbereitet:
Kommt nun herbei, versäumt das Festmahl nicht.
Wer zu ihm kommt, den wird der Herr bedienen,
und bei dem Mahle gibt er selber sich.

Der Kehrvers wird nach jeder Strophe wiederholt.

Text: Lothar Petzold 1976; Melodie: Manfred Schlenker 1976

4. Materialsammlung zum Thema

a) Lebensbild: Hudson Taylor – Der kleine Blonde mit den schwarzen Haaren

Hudson Taylor hatte einen Entschluss gefasst: Er wollte zum Friseur gehen. Natürlich hatte er das in seinem Leben schon oft getan. Seine hellen, blonden Lockenhaare mussten schließlich regelmäßig geschnitten werden. Aber an diesem Sommertag im Jahre 1855 war alles anders. Dieser Friseurbesuch würde Hudson Taylors Leben grundsätzlich verändern: Aus einem blonden Briten sollte ein schwarzhaariger Chinese werden.

Es war spät am Abend, als der Barbier zu Hudson Taylor ins Haus kam. Vor den beiden Männern lag eine stundenlange Arbeit. Zuerst rasierte der Friseur die Haare auf der vorderen Hälfte von Hudsons Kopf ab. Danach färbte er die restlichen Haare pechschwarz. 5 oder 6 Stunden dauerte diese Prozedur. Am nächsten Morgen flocht der Friseur viele Seidenbänder und einen langen schwarzen Zopf in Hudsons Haar, denn seine eigenen Haare waren noch nicht lang genug für einen »bianzi«, einen chinesischen Zopf. An diesem Tag startete Hudson zu einer längeren Reise, und weil das Zöpfeflechten eine ziemlich komplizierte Angelegenheit war, nahm er den Friseur kurzerhand einfach mit. Der Engländer Hudson Taylor war 23 Jahre alt und seit anderthalb Jahren in China, als er sich in einen Chinesen verwandelte.

Hudson Taylor wurde am 21. 5. 1832 in einer englischen Stadt mit Namen Barnsley geboren. Sein Vater arbeitete als Apotheker und Arzt, und die Familie gehörte zu der methodistischen Kirche. Hudsons Vater war ein interessierter Mann. Und am meisten interessierte er sich für China. Viele Bücher hatte er über dieses Land gesammelt. Immer wieder erzählte er seinen Kindern von China. Mit Freunden diskutierte er über missionarische Möglichkeiten im Ausland. Und so stand für den kleinen Hudson schon im Alter von 5 Jahren fest: »Wenn ich groß bin, werde ich Missionar und gehe nach China.«

Eines wusste Hudson allerdings damals noch nicht: Genau das war nämlich auch der Wunsch seiner Eltern. »Lieber Gott, wenn du uns einen Sohn schenken willst, dann lass ihn für dich in China arbeiten«, so hatten sie vor Hudsons Geburt gebetet. Doch Hudson war klein und kränklich, und niemand konnte sich vorstellen, dass dieser Wunsch der Eltern jemals in Erfüllung gehen würde.

Mit 13 Jahren fing Hudson an, in der Apotheke seines Vaters mitzuarbeiten, und zwei Jahre darauf begann er eine Banklehre. In dieser Zeit distanzierte sich Hudson immer mehr von dem Glauben und dem christlichen Gedankengut seiner Eltern. Hudson war innerlich zerrissen. Dann kam ein Tag im Juni 1849. Hudson war gerade 17 Jahre alt und an diesem Tag hatte er frei. Ihm war langweilig und so suchte er in dem leeren Haus nach einer interessanten Lektüre. Er fand ein Heft und ging zum Lesen in die Scheune. Und die Geschichte, die er las, traf ihn ins Herz. Es war eine einfache Geschichte, in der es um die Worte Jesu am Kreuz ging: »Es ist vollbracht!« Hudson erkannte an diesem Nachmittag, dass Jesus alles vollbracht hatte. Auch für ihn. Jesus war für ihn gestorben. Er hatte seine – Hudsons – Schuld bezahlt. Alles war getan. Ihm blieb nur noch übrig, Jesus und seine Vergebung anzunehmen. Voller Freude darüber kniete Hudson nieder und betete. An diesem Tag wurde Hudson Taylor Christ. Einige Monate danach wurde ihm in einem Gebet klar: Er sollte tatsächlich nach China gehen. Und darauf bereitete er sich nun intensiv vor.

Weil Hudson wusste, wie wichtig medizinische Kenntnisse in der Mission waren, beschloss er, Arzt zu werden. Gleichzeitig begann er, sich abzuhärten und seinen Körper zu trainieren. Er verzichtete auf sein Federbett und stand früh auf. Gemeinsam mit seinem Vetter brachte er sich im Selbststudium chinesische Schriftzeichen bei. Aber Hudson steckte sich noch weitere Ziele: Um für das Leben in China gerüstet zu sein, wollte er lernen, möglichst billig zu leben sowie auf schwierige Situationen schnell und besonnen zu reagieren. Und dann beschloss Hudson, auch sein Vertrauen auf Gott zu trainieren. Die Gelegenheit dazu bot sich bald.

Hudson war 19 Jahre alt und arbeitete inzwischen als Assistent eines Arztes in der Fischerstadt Hull. Sein Chef forderte ihn auf, ihn regelmäßig an die Auszahlung seines Gehaltes zu erinnern. Hudson beschloss, genau das nicht zu tun. Er wollte stattdessen Gott darum bitten und vertrauen, dass Gott alle seine Bedürfnisse kannte und für ihn sorgen würde. Bald nach diesem Entschluss wurde es für Hudson ernst. Sein Arbeitgeber hatte die Gehaltszahlung vergessen, und Hudson hatte gerade noch eine Münze im Wert einer halben Krone in der Tasche. Die Vorräte daheim reichten noch für das Frühstück am nächsten Tag, aber für das Mittagessen brauchte er sein Geld. Hudson befand sich an diesem Abend in den Docks von Hull, einer berüchtigten Gegend. Hier hatte er Versammlungen gehalten, und so war es nicht verwunderlich, dass ein Mann ihn ansprach: »Meine Frau liegt im Sterben. Bitte, kommen Sie und beten Sie mit ihr!« (Steer, S. 35). Hudson begleitete den Mann in ein schmutziges Zimmer. Dort lag die schwer kranke Frau mit ihrem Baby. Die fünf älteren Kinder sahen Hudson schweigend an. »Wenn ich nur meine halbe Krone in kleineren Münzen hätte, dann würde ich gerne etwas von meinem wenigen Geld abgeben«, dachte Hudson. Aber leider hatte er diesen Geldbetrag nur in einer einzigen Münze. So begann Hudson mit der Frau zu beten. Gleichzeitig arbeitete es in seinem Gewissen. Wie konnte er Gottes Hilfe erbitten, wenn er selbst, Hudson Taylor, nicht zur Hilfe bereit war? Schließlich griff Hudson in seine Tasche und schenkte sein letztes Geld dieser Familie. Die kranke Frau und auch das Baby überlebten.

Wie es mit seinen eigenen Finanzen weitergehen würde, wusste Hudson nicht. Aber er vertraute fest darauf, dass Gott nun auch für ihn sorgen würde.

Am nächsten Morgen brachte der Postbote einen Brief mit einer 10-Schilling-Münze, dem vierfachen Wert von seinem verschenkten Geld.

Immer wieder kam Hudson in ähnliche Situationen, in denen sich sein Vertrauen auf Gott bewährte und er Gottes Fürsorge erlebte.

Bald darauf zog er für seine weitere medizinische Ausbildung nach London. In dieser Zeit waren europäische und amerikanische Christen brennend an den Ereignissen in China interessiert. Man erhoffte sich neue Möglichkeiten für die Mission dort, und so entschloss sich Hudson Taylor, seine Ausbildung abzubrechen, um sofort nach China zu reisen. Mit 21 Jahren legte er am 19. September 1853 in Liverpool ab. Etwa fünfeinhalb Monate später kam er in China an. Bald zeigte sich, dass seine junge und unerfahrene Missionsgesellschaft nicht sonderlich gut für ihn sorgte. Es war nichts für seine Ankunft vorbereitet, und die Geldüberweisungen ließen zu wünschen übrig. Erst Jahre später erkannte die Missionsgesellschaft, wie schwierig Hudsons Lage war. Erneut musste er sich darin üben, von Gott alles für seinen Unterhalt Nötige zu erbeten und zu erwarten.

In den ersten Monaten lernte Hudson weiter die chinesische Sprache, bildete sich medizinisch weiter und lernte Land und Leute kennen. Ende August konnte er endlich in ein eigenes Haus einziehen und einen Koch und einen Wasserträger engagieren. Er eröffnete eine Schule, behandelte Patienten in seiner Apotheke und gründete eine Hausgemeinde.

Verschiedene Missionsgesellschaften arbeiteten zu dieser Zeit in China. Die Missionare lebten normalerweise in den Hafenstädten, ins Landesinnere hatte sich noch kaum ein Missionar vorgewagt.

Immer wieder machte nun Hudson Taylor zusammen mit anderen Missionaren erste Vorstöße ins Landesinnere. Hier predigten sie und verteilten Bibeln und christliche Bücher.

Hudsons Arbeit und Aufenthaltsort änderten sich ständig. Immer wieder kam es vor, dass er nach wenigen Monaten umziehen musste. Manchmal lag das an den äußeren Bedingungen, wenn etwa die politische Situation sein Weiterarbeiten behinderte. Manches Mal aber sprang Hudson auch ein, um bei anderen Missionaren oder Ärzten auszuhelfen. Es war in dieser Zeit, als Hudson den Entschluss fasste, seine Haare zu färben und chinesische Kleidung zu tragen. Auch andere Missionare hatten bisher schon auf Inlandsreisen chinesische Kleidung getragen, sich aber nach der Rückkehr in die Missionsstation wieder europäisch gekleidet. Am 27. Juli 1855 stand Hudsons Entschuss fest: »Er wollte ein Haus auf dem Lande mieten, regelmäßig medizinisch und evangelistisch arbeiten, chinesische Kleidung anziehen und – sogar das! – einen ›bianzi‹ tragen, einen chinesischen Zopf.« Und das tat er dann auch. Die Reaktionen auf sein neues Aussehen waren sehr unterschiedlich. Bei der

Arbeit mit der chinesischen Bevölkerung war ihm das neue Aussehen von großem Nutzen. Im Gegensatz zu früher kamen Frauen und Kinder nun ohne Zögern zu ihm, um sich medizinisch behandeln zu lassen. Aber nicht alle europäischen Ausländer und Missionare verstanden Hudsons Schritt. Manche fanden sein neues Aussehen schockierend und verachteten ihn, andere hielten ihn sogar für einen Verräter. Auch seine von ihm sehr geliebte Schwester in England konnte ihn nicht verstehen.

Aber es gab auch andere Reaktionen. Ein Missionar, der mit Hudson eine Zeit lang zusammenarbeitete, entschloss sich nun ebenfalls, sich chinesisch zu kleiden. Und dann war da eine lebhafte und intelligente junge Frau mit Namen Maria Dyer. Ihre Eltern waren als Missionare nach China gekommen und früh gestorben. Maria arbeitete als Lehrerin in einer chinesischen Schule. Und – sie verliebte sich in diesen exzentrischen jungen Mann namens Hudson Taylor. Es gab einige Widerstände zu überwinden, aber am 20. 1. 1858 heirateten die beiden wenige Tage nach Marias 21. Geburtstag. Und Maria war einverstanden, dass Hudson auch zur Hochzeit seine chinesischen Kleider und seinen langen Zopf trug.

Hudson setzte in der folgenden Zeit seine missionarische und medizinische Arbeit fort. Auch mit Opiumabhängigen arbeitete er. Dann übernahm er die Leitung einer Klinik.

Immer wieder war Hudson in den vergangenen Jahren krank gewesen. Im Frühjahr 1860 fühlte er sich erneut krank und durch die viele Arbeit überfordert. So beschlossen Maria und er, im Sommer nach England zurückzukehren, rund 6 Jahre nach Hudsons Ankunft in China.

Zurück in England ließ sich Hudson, der sich nun wieder europäisch kleidete, von einem Arzt untersuchen. Leber, Nervensystem und die Verdauungsorgane waren bereits sehr geschädigt. An eine weitere Auslandsreise war nach Auskunft des Arztes in den nächsten Jahren nicht zu denken. Hudson nutzte die Zeit in England, um seinen medizinischen Abschluss nachzuholen. Außerdem machte er Übersetzungsarbeiten, schrieb Artikel, nahm an Veranstaltungen teil und predigte in verschiedenen Kirchen. Auf diese Weise knüpfte er viele Kontakte.

Ihm wurde immer wichtiger, dass alle Chinesen das Evangelium hörten. Alle – das bezog auch die Chinesen im Landesinneren ein, die bisher von keinem Missionar erreicht worden waren. Und so versuchte er, die Missionsgesellschaften von der Notwendigkeit zu überzeugen, Missionare in diese Gebiete zu schicken. Doch keiner hörte auf ihn.

Inzwischen ging das Jahr 1864 zu Ende und Hudson Taylor plante seine erneute Ausreise. Anfang 1865 schrieb er ein Buch über die geistliche Not in China und dies als eine Herausforderung für die Christen in Europa (Titel des Buches: »China – It's Spiritual Need and Claims« [China – seine geistliche Not und Herausforderung]). Es wurde ein Bestseller, und Hudson wurde immer klarer, dass für die Mission in Chinas Innerem eine eigene Organisation aufgebaut werden musste. Nach vielen Gesprächen, Gebeten und innerem Ringen entschoss er sich, für 24 Mitarbeiter zu beten, zwei für jede chinesische Provinz und zwei für die Mongolei. Dann ging er zur Bank und eröffnete ein Konto mit dem Namen »China-Inland-Mission«, kurz CIM.

Bald darauf wurden Einzelheiten der Mission festgelegt: Ihre Arbeit sollte Menschen mit großem Vertrauen auf Gott offen stehen, auch dann, wenn sie keinen Universitätsabschluss hatten. Außerdem sollten, im Gegensatz zu den anderen Missionsgesellschaften, auch Frauen im gesamten Bereich der Arbeit eingesetzt werden. Menschen aus den verschiedenen Kirchen wurden aufgenommen, die bereit waren, auf ein festes Gehalt zu verzichten. Das Einkommen sollte unter »allen geteilt werden, die Arbeit vor Ort geleitet, systematisch durchdacht werden und praxisbezogen sein« (Steer, S. 192). Die Missionare sollten chinesische Kleidung tragen; für die Gottesdienste suchte man Gebäude in chinesischer Bauart. Und dann war da noch eine Sache, die Hudson Taylor ungemein wichtig war: Spendenaufrufe waren tabu! Natürlich wusste auch er, dass er für seine Mission Geld brauchte, viel Geld. Aber er wollte nicht, dass Menschen etwa im Anschluss an eine Veranstaltung unter dem starken Eindruck ihrer Gefühle etwas gaben, das sie vielleicht für eine andere Missionsgesellschaft vorgesehen hatten oder das nur dazu diente, ihr Gewissen zu erleichtern. Die Menschen sollten daheim durch Gebet und Nachdenken entscheiden, ob Gott eine finanzielle Unterstützung oder vielleicht die Bereitschaft zum Missionsdienst von ihnen erwartete.

Nach rund sechs Jahren Englandaufenthalt kehrte Hudson am 26. Mai 1866 zusammen mit seiner Frau, seinen inzwischen vier Kindern und 16 weiteren Begleitern nach China zurück. Acht Missionare waren schon vorher abgereist.

Nach ihrer Ankunft im Land begannen die Missionare, sich chinesisch zu kleiden. Die Männer ließen sich den Kopf zur Hälfte kahl scheren und trugen einen künstlichen Zopf. Schon bald machten sich die Zeitungen über die »Zopfmission« lustig, und auch für die Missionare selbst war das veränderte Aussehen gewöhnungsbedürftig. Es dauerte nicht sehr lange, bis es gerade über diesen Punkt interne Meinungsverschiedenheiten gab. Ein Missionar begann, sich wieder europäisch zu kleiden, andere sympathisierten im Laufe der Zeit mit ihm.

Für Hudson Taylor jedoch war dieser Punkt von zentraler Bedeutung. Er »legte so großen Wert auf die chinesische Kleidung, weil er tiefen Respekt vor der chinesischen Kultur hatte und die Aufgaben des Missionars mit ungewöhnlich großem Einfühlungsvermögen verband. Darin war er seiner Zeit weit voraus« (Steer, S. 224).

Hudsons Wunsch war, dass Chinesen Christen werden. Aber dabei sollten sie auch Chinesen bleiben. Er wollte kein europäisch geprägtes Christentum in China, sondern ein Christentum, das voll und ganz der chinesischen Lebensart entsprach. So war es nicht verwunderlich, dass er nach einiger Zeit die eindeutige Anweisung an seine Mitarbeiter in England gab, nur noch Missionare bei der CIM aufzunehmen, die ohne Einschränkung bereit waren, sich an den chinesischen Lebensstil anzupassen und chinesische Kleidung zu tragen.

»Ich glaube, ihr würdet euch freuen, wenn ihr sehen könntet, wie die Leute uns lieben und uns vertrauen«, schrieb eine Missionarin etwa ein Jahr nach ihrer Ankunft im Herbst 1867. »Es freut sie, dass wir ihnen in äußeren Dingen gleichen wollen. Sie sagen uns immer wieder, wie stolz sie darauf sind, dass wir sogar ihre Schuhe und ihre Haartracht tragen. Wir brauchen uns gar keine Mühe zu geben, um an sie heranzukommen. Im Gegenteil, sie bitten uns jeden Tag, in ihre Häuser zu kommen und ihnen von unserer Religion zu erzählen« (Taylor, S. 188). Natürlich blieb dies nicht die einzige Reaktion. Bei der Ausbreitung der CIM ins Landesinnere mussten die Missionare auch erheblichen Widerstand in Kauf nehmen.

Im Juli 1870 starb Hudsons so sehr geliebte Frau Maria bald nach der Geburt und dem Tod ihres achten Kindes. Drei Kinder waren in den vergangenen Jahren gestorben. Hudson blieb nun allein mit dem knapp zweijährigen Charles in China zurück – die drei größeren Kinder waren schon einige Monate zuvor nach England geschickt worden. Ihnen sandte Hudson nun als letzten Gruß eine Locke von Marias Haar.

Aber auch für Hudson war es bald darauf Zeit, nach England und zu seinen Kindern zu reisen. Im Sommer 1871 begann er zusammen mit anderen Missionaren die Heimreise. Unterwegs verliebte er sich in eine Missionarin der CIM, die er nach der Ankunft in England 16 Monate nach Marias Tod heiratete.

In den folgenden 34 Jahren reiste Hudson Taylor insgesamt neunmal nach China. In Europa, Australien und schließlich auch in Amerika hielt er Vorträge. Die Arbeit der CIM wuchs beständig, auch wenn es immer wieder Schwierigkeiten zu überwinden gab. Im Jahr 1905 hatte die CIM über 800 Mitglieder.

Am 3. 6. 1905 starb Hudson Taylor im Alter von 73 Jahren in China.

Nach der Machtübernahme der Kommunisten mussten alle Missionare das Land verlassen. Der Name CIM änderte sich in »Überseeische Missions-Gemeinschaft«. Ihr deutscher Zweig hat seinen Sitz in Mücke/Hessen.

Quellen:

Roger Steer, J. Hudson Taylor. Im Herzen Chinas, CLV Bielefeld

H. und G. Taylor, Hudson Taylor. Ein Mann, der Gott vertraute, Brunnen Verlag Gießen

Hudson Taylor, Textbuch der Kinderevangelisationsbewegung, Breidenbach

(Evtl. lassen Sie sich Informationsmaterial von der CIM/ÜMG schicken, Adresse s. S. 52.)

b) Wissenswertes zum Thema: Haarige Tatsachen

Es soll Frauen geben, die »Haare auf den Zähnen« haben. Das müssen schroffe und aggressive Zeitgenossen sein – das Zusammenleben mit ihnen ist sicher nicht ganz einfach. Da muss man aufpassen, dass man sich nicht in die Haare gerät. Natürlich findet der Zahnarzt bei diesen Menschen nicht wirklich Haare auf den Zähnen. Denn im Mund wachsen keine Haare, genauso wenig wie auf den Lippen, den Fußsohlen und den Handflächen. Dafür gibt's am restlichen Körper umso mehr: Drei bis fünf Millionen Haare wachsen – je nach Erbgut – auf unserer Haut, die Angaben schwanken. Vermutlich dürfte das Nachzählen etwas schwierig sein! Etwa 100 000 dieser Haare befinden sich auf unserem Kopf. Ein paar nützliche Haare finden sich in Nase und Ohren. Auch wenn sie manchmal etwas zu lang geraten und kitzeln und stören, so halten sie uns doch unangenehme Krankheitserreger vom Leibe. Ähnlich machen es die Wimpern: Bevor ein Staubkörnchen in unsere empfindlichen Augen gelangen könnte, blinzeln sie es einfach fort. Die Augenbrauen schützen die Augen vor dem rinnenden Schweiß. Trotzdem – die restlichen, sagen wir mal 99 800 Haare auf dem Kopf sind uns natürlich noch viel wichtiger: Haare und Frisur bestimmen das Aussehen eines Menschen eben ganz wesentlich. Kein Wunder also, dass Menschen schon seit Urzeiten an ihren Haaren mit Farbe und Schere herumexperimentieren.

Und wie gut, dass dieses Modelliermaterial immer wieder nachwächst. So kann eine haarsträubende Frisurenkreation spätestens nach einigen Wochen auch wieder korrigiert werden. Etwa 12 cm wächst das Haar in einem Jahr, im Sommer schneller als im Winter, im Schlaf schneller als im Wachzustand. Fünf bis sechs Jahre alt wird so ein Haar bei einer Frau, bis es dann ausfällt. Und wenn es zwischenzeitlich nicht geschnitten wird, kann es etwa achtzig Zentimeter, vielleicht auch einen Meter lang werden. Bis zu hundert Haare fallen jeden Tag aus, aber es wachsen auch laufend welche nach. Dass bei manchen Menschen trotzdem der Kopf durch die Haare wächst und sie eine Glatze bekommen, liegt an den Genen und an den Geschlechtshormonen. Deshalb müssen Männer mehr

Haare lassen als Frauen. Aber auch Frauen verlieren zwischen dem 40. und 50. Lebensjahr etwa 20 Prozent ihrer Haare. Dabei haben Frauen schon von Anfang an mehr Haare als Männer. Eigentlich erstaunlich, dass sich Männer und Frauen wegen dieser »Ungerechtigkeit« noch nie in die Haare – in die Wolle – gekriegt haben. Aber sicher ist es auch besser, sich darüber keine grauen Haare wachsen zu lassen. Die kommen nämlich von alleine. Denn auch die Haarfarbe ändert sich zum Leidwesen vieler Frauen – und auch Männer – im Laufe der Zeit: Mit zunehmendem Alter hören die kleinen Haarfollikel in unserer Haut auf, Melanin zu produzieren. Und da Melanin den Haaren die Farbe gibt, werden unsere Haare ohne Melanin eben weiß.

Das Melanin ist übrigens auch für unsere individuelle Haarfarbe verantwortlich. Wird wenig Melanin produziert, dann werden die Haare blond. Bei viel Melanin werden sie dunkel. Und das alles ist schon in den Genen festgelegt. Auch ob das Haar glatt oder wellig wird. Vererbt ist vererbt. Da helfen keine Pillen und kein Training, um Haarfarbe und Beschaffenheit grundsätzlich zu ändern. Und deshalb ist es sicher gut, sich mit seinem naturgegebenen Kopfschmuck einigermaßen auszusöhnen. Sonst könnte es leicht sein, dass die vielen Friseurbesuche einem die Haare vom Kopf fressen.

Haare verändern sich mit der Zeit und durchlaufen während ihres Lebens verschiedene Stadien. Eine gesunde Ernährung hilft auch zu gesundem Haar. Und so ein Haar hat es in sich: Vergleicht man ein Haar und einen Kupferdraht mit jeweils dem gleichen Durchmesser, dann ist das Haar viel stärker. Und an einem Seil, das aus 1000 Haaren geflochten wird, kann man einen Menschen hochziehen. Wenn eine Sache also so kritisch ist, dass sie nur an einem Haar hängt, dann könnte sie stabiler sein, als die Redewendung es uns glauben machen möchte. Trotzdem sträuben sich einem in solchen beängstigenden Situationen die Haare. Kleine Muskeln ziehen dann an den Haarwurzeln und stellen die Haare nach oben. Wir kennen diesen Mechanismus von manchen Tieren: Sie plustern sich auf, um größer zu erscheinen und um ihren Gegnern Angst zu machen. Bei uns Menschen reicht's dagegen nur mal gerade zur Gänsehaut.

Haargenau so verhält es sich also mit unseren Haaren. Wenn jemand etwas anderes sagt, dann können Sie sich das in die Haare schmieren.

Quellen:

Nick Arnold, Wahnsinns Wissen. Lauter tolle Teile – dein Körper, Loewe Verlag 1998

Laurie Beckelman, Unser Körper, Tessloff Verlag 2000

Jacki Wadeson, Frisuren. Haarpflege, Schnitte, Zöpfe flechten, Bechtermünz Verlag 1996

Sylvia Schneider/Birgit Rieger, Das große Buch vom Körper, Ravensburger Buchverlag 1996

c) Artikel: Kostbarkeiten aus menschlichem Haar

Vereinzelt findet man sie noch – Kostbarkeiten aus menschlichem Haar. Seit Urzeiten haftet dem Haar etwas Magisches und Mythisches an. Ja, den Haaren wurden besondere Kräfte zugeschrieben, und einem Aberglauben nach übertrug sich die Lebenskraft des einstigen Besitzers auf den neuen. Im Alten Testament liest man, dass Simson erst zu besiegen war, als ihm sein Haar geschoren wurde, und so heißt es im Buch der Richter 16,19: »Delila ließ Simson auf ihrem Schoß einschlafen, (...) und schnitt dann die sieben Locken auf seinem Kopf ab. So begann sie ihn zu schwächen – da wich seine Kraft von ihm.«

Solche Geschichten findet man auch in Märchen, Legenden, in religiösen Vorschriften, unzähligen abergläubischen Vorstellungen und in vielen sprichwörtlichen Redensarten: »Um ein Haar ...«, »Haarspalterei betreiben«, dem anderen »kein Haar krümmen« oder »Haare lassen müssen«, »Haare auf den Zähnen haben« oder sich »keine grauen Haare wachsen lassen«. Der Mythos um die Haare verstärkt sich im 19. Jahrhundert, als man Medaillons anfertigte, in die man eine Locke der Geliebten schloss; in einigen Indianerstämmen skalpierte man seinen Feind und hängte den so genannten Skalp zur Demonstration an den Gürtel, und in unzähligen Kästchen bewahrt man in Japan die Haare der Kamikaze-Flieger auf.

Haare dienten zu einer bestimmten Zeit als Talisman, wurden zu Uhrketten kunstvoll geflochten oder zu zierlichen Ringen gewoben. Die Herstellung der Kostbarkeiten aus menschlichem Haar begann im 18. Jahrhundert. In der ersten Hälfte des 19. Jahrhunderts erlebte dieses Handwerk im viktorianischen England seine Hochblüte. Dies war die Zeit unseres Biedermeiers (1815-1848) und eine Zeit des romantischen Andenkenschmuckes: Man schenkte sich Schmuck als Ausdruck freundschaftlicher Zuneigung und Liebe in Form von dünnen langen Frauen-Uhrketten, tropfenförmigen Ohrringen, kunstvollen Armbändern oder ovalen Broschen aus Haar.

Der Trauer um einen geliebten Menschen verlieh man durch Todessymbole Ausdruck, wobei hier nicht das Haar des Toten, sondern des Sterbenden verarbeitet wurde. (...)

Erst nach dem Ersten Weltkrieg geriet die Arbeit der Haarflechtkunst in Vergessenheit. Wer waren die Haarkünstler? Vor allem Friseure und Perückenmacher verstanden sich auf die Kunst der Herstellung kostbarer Haarobjekte. Frauen fertigten zu Hause Flechtarbeiten aus Haaren an und zeigten auch den Töchtern diese Technik. Häufig arbeiteten Nonnen wunderbare Haarobjekte aus den Haaren der Novizinnen, denen beim Ablegen ihres Gelübdes das Haar kurz geschnitten wurde. Jeder, der sich mit der Kunst der Herstellung eines Haarschmucks beschäftigte, musste eine riesige Geduld haben.

Die Verarbeitung des Haarschmucks erforderte mehrere Arbeitsschritte. So mussten die Haarsträhnen oder -büschel zuerst mehrmals in heißem Sodawasser gewaschen oder in eine Natriumsulfidlösung eingelegt werden. Damit wurden sie entfettet und fielen wieder leicht und locker. Dies ist wahrscheinlich der Grund, dass die meisten Haarobjekte eine ähnlich braune Farbe aufweisen. Selten findet man Haarschmuck, der eine dunklere Farbe zeigt, und rote Haare wurden, weil »verhext«, gemieden. Lagen die Haare nun locker und weich vor, wurden sie in Wasser, dem Holzasche zugefügt wurde, gekocht. Damit erreichte man, dass die Haare ihren Glanz zurückerhielten. Dann konnten die behandelten Haare getrocknet werden, um sie anschließend in gleichmäßige Büschel zu binden. Sie wurden je nach Verwendungszweck in unterschiedlich starke Haarstränge geteilt. Beginnen konnte man mit drei Haaren pro Strang, es konnten aber auch bis zu neunzig sein. Die Verarbeitung verlangte ein weiteres Mal eine geduldige Hand. Sehr lange Haarstränge knüpfte man an ihrem Ende zusammen, was man mit einer Materialverzierung verdecken konnte. Dann wurden die Haare strähnchenweise auf hölzerne Klöppel gebunden und auf einem »Tambour« ... verarbeitet. Ein leicht gebogener Pappdeckel wurde dazu mit Papier bezogen, auf dem das Muster verzeichnet war. Runde und schlauchartige Geflechte wie die langen Damen-Uhrketten wurden mit einer Art »Strickliesel« gestrickt. Eine weitere Möglichkeit, außergewöhnliche Formen zu erzielen, erreichte man, indem man die Strähnen um einen Stab aus Holz oder Metall arbeitete. Das fertige Kunstwerk kochte man anschließend für eine halbe Stunde in Wasser, um es anschließend erneut zu trocknen, so dass es seine Form und vor allem seine Elastizität bewahrte.

Auf den ersten Blick nicht als Haarbilder zu erkennen waren zum Beispiel »Totengedenkbilder«. Dafür wurden bereits bearbeitete Haare sehr fein geschnitten oder zu Haarpuder zerstoßen. Anschließend mischte man diese feinsten Haarpartikel mit Leim und trug sie mit einem Pinsel auf Elfenbeinplättchen oder Milchglas auf. Vor allem Friedhofsszenen mit Grabsteinen, Kreuzen und Trauerweiden wurden als Totengedenkbilder gearbeitet. In mehreren Museen im Schwarzwald werden Haarkunstwerke aufbewahrt. Eine besondere Totengedenktafel besitzt das Augustinermuseum in Freiburg. Darin erkennt man vor einem Himmel unter einer Schrifttafel ein erhöhtes Grab mit einer Blumenleiste aus Stoff und einer liegenden Schrifttafel sowie einen Felsen aus Papier mit Glassplittern, Muscheln und Schneckenhäusern. Ein kleiner Zaun reicht nach vorn, seitlich ein blühender Busch mit spiraligen Blättern und an der rechten Seite eine Trauerweide, die das Leiden Christi dokumentiert.

Eine besonders wertvolle Totengedenktafel findet man im Heimatmuseum Göhrwil. Hier sieht man einen Totenkranz für ein verstorbenes Kind – kostbar gearbeitet mit Blüten aus menschlichem

Haar. Besonders gut erhalten ist ebenfalls eine Männer-Uhrenkette aus geflochtenem Haar. Diese Uhrenketten waren oft ein Geschenk der Schwiegermutter an ihren Schwiegersohn und sollten die Wertschätzung zeigen, denn die Uhrkette war schon aus den Haaren ihrer Mutter für ihren Vater gearbeitet worden.

(Aus: Schwarzwald Gäste-Journal Winter 2001/2002, von Beate Kierey, hrsg. v. Schwarzwälder Bote Mediengesellschaft mbH, Oberndorf/Neckar)

d) Texte von Martin Luther

Martin Luther schreibt einem Barbier:

Martin Luther hatte einen Barbier namens Peter Beskendorf. Eines Tages muss sich Meister Peter wohl ein Herz gefasst und seinen weltberühmten Kunden, den Doktor der Theologie, gefragt haben: »Herr Dr. Luther, wie beten Sie eigentlich?«

Und Martin Luther antwortete. Er hielt es nicht für unter seiner Würde, seinem Barbier einen langen Brief zu schreiben – einen Brief, der gedruckt vierzig Seiten umfasst! Im Frühjahr 1535 wurde er veröffentlicht unter dem Titel: »Eine einfältige Weise zu beten. Für einen guten Freund.«

In diesem Brief beschreibt Luther unter anderem, dass es nötig ist, sich ganz auf das Gebet zu konzentrieren, so wie auch ein Barbier sich ganz auf seine Arbeit konzentriert:

»Gleich als ein guter, fleißiger Barbierer muss seine Gedanken, Sinn und Augen gar genau auf das Schermesser und auf die Haar richten und nicht vergessen, wo er sei im Strich oder Schnitt; wo er aber zugleich will viel plaudern oder anderswohin denken oder gucken, sollt er wohl einem Maul und Nasen, die Kehle dazu abschneiden. Also gar will ein jeglich Ding, so es wohl gemacht soll werden, den Menschen ganz haben mit allen Sinnen und Gliedern, wie man spricht: ›Wer mancherlei denkt, der denkt nichts, macht auch nichts Guts.‹ Wie viel mehr will das Gebet das Herz einig, ganz und allein haben, soll's anders ein gut Gebet sein.«

(Aus: Walter Trobisch, Kleine Therapie für geistliche Durststrecken, R. Brockhaus Verlag Wuppertal, 1976)

Martin Luther und die Sorgennester:

»Dass die Vögel der Sorge und des Kummers über deinem Haupt fliegen, kannst du nicht ändern. Aber dass sie Nester in deinem Haar bauen, das kannst du verhindern.« (EG 370 Zwischentext)

e) Erzählung: Die Haarklammern

Als ich sieben Jahre alt war, hörte ich, wie meine Mutter einer ihrer Freundinnen erzählte, am folgenden Tag sei ihr dreißigster Geburtstag. Zwei Dinge fielen mir auf, als ich das vernahm: Erstens, mir war vorher nie klar geworden, dass auch meine Mutter Geburtstag hatte; und zweitens, ich konnte mich nicht erinnern, ihr je ein Geburtstagsgeschenk gemacht zu haben.

Nun, das konnte ich ändern. Ich ging in mein Zimmer, holte mein Sparschwein hervor und nahm alles Geld heraus, das ich darin gespart hatte. Fünfundzwanzig Cent. Das war mein Taschengeld von fünf Wochen. Damit ging ich zu dem kleinen Geschäft ganz in der Nähe unseres Hauses und teilte dem Besitzer Mr. Sawyer mit, ich wolle dafür ein Geburtstagsgeschenk für meine Mutter kaufen.

Er zeigte mir in seinem Geschäft alles, was für einen Vierteldollar zu haben war. Zum Beispiel mehrere Keramikfiguren, die meiner Mutter bestimmt gefallen hätten, aber sie hatte bereits das ganze Haus voll von diesen Dingern und ich musste sie jede Woche abstauben. Das war ganz eindeutig nicht das Richtige. Es gab auch mehrere kleine Schachteln mit Süßigkeiten. Meine Mutter war Diabetikerin, und ich wusste, dass das auch nicht passend war.

Das Letzte, was Mr. Sawyer mir zeigte, war eine Schachtel mit Haarklammern. Meine Mutter hatte wunderschönes langes schwarzes Haar und zweimal in der Woche wusch sie es und drehte es auf. Wenn sie dann die Lockenwickler herausnahm, sah sie mit ihren wallenden schwarzen Locken aus wie ein Filmstar. Also beschloss ich, diese Haarklammern zu nehmen. Sie waren das perfekte Geschenk für meine Mutter. Ich gab Mr. Sawyer meine fünfundzwanzig Cent und er überreichte mir die Packung.

Ich nahm mein Geschenk mit nach Hause und wickelte es in ein buntes Blatt aus der Sonntagszeitung ein (für Geschenkpapier hatte ich kein Geld mehr). Am folgenden Morgen ging ich zu meiner Mutter, überreichte ihr das Päckchen und sagte: »Herzlichen Glückwunsch zum Geburtstag, Mama!«

Einen Augenblick lang saß meine Mutter wie betäubt da, dann riss sie mit Tränen in den Augen das Papier auf. Und als sie die Haarklammern herausholte, begann sie zu weinen. »Es tut mir so Leid, Mama!«, entschuldigte ich mich. »Ich wollte dich nicht zum Weinen bringen. Ich wollte dir nur einen schönen Geburtstag machen.«

»Oh, Liebes, ich bin glücklich!«, erklärte sie mir. Ich sah ihr in die Augen und erkannte, dass sie unter Tränen lächelte. »Aber weißt du, das ist das erste Geburtstagsgeschenk, das ich je in meinem ganzen Leben bekommen habe.« Dann küsste sie mich auf die Wange und sagte: »Vielen Dank, mein Schatz.« Und an meine Schwester gewandt, meinte sie: »Sieh mal hier, Linda hat mir ein Geburtstagsgeschenk gemacht!« Dann lief sie zu meinem Vater und rief: »Sieh nur, Linda hat mir ein Geburtstagsgeschenk gemacht!«

Schließlich zog sie sich ins Bad zurück, um ihre Haare zu waschen und sie mit Hilfe der neuen Haarklammern aufzudrehen. Nachdem sie den Raum verlassen hatte, sah mein Vater mich an und sagte: »Linda, als ich damals an der Grenze aufwuchs (mein Vater nannte seine Heimatstadt in den Bergen Virginias immer die *Grenze),* war es nicht üblich, Erwachsenen Geburtstagsgeschenke zu machen. Das war nur etwas für die Kinder. Und die Familie deiner Mama war so arm, dass sie sich nicht einmal das leisten konnte. Aber wenn ich sehe, wie sehr sich deine Mama über dein Geburtstagsgeschenk gefreut hat, dann muss ich dieses ganze

Geburtstagsthema doch noch einmal überdenken. Was ich sagen möchte, Linda, ist, dass ich glaube, du hast heute in unserer Familie einen Präzedenzfall geschaffen.«

Und so war es auch tatsächlich. Danach wurde meine Mutter jedes Jahr mit Geburtstagsgeschenken überhäuft: von meiner Schwester, meinen Brüdern, meinem Vater und von mir. Und natürlich war es so, dass die Geschenke, je älter wir Kinder wurden und je mehr Geld wir verdienten, immer schöner wurden. Als ich fünfundzwanzig war, hatte ich ihr bereits eine Stereoanlage, ein Farbfernsehgerät und eine Mikrowelle geschenkt (die sie allerdings gegen einen Staubsauger umtauschte).

Zum fünfzigsten Geburtstag meiner Mutter legten meine Geschwister und ich zusammen und kauften ihr etwas wirklich Spektakuläres: Einen Ring mit einer von Diamanten umgebenen Perle. Und als mein ältester Bruder ihr auf dem Fest, das ihr zu Ehren gegeben wurde, das Päckchen überreichte, öffnete sie das Samtschächtelchen und betrachtete den Ring. Dann lächelte sie und drehte die Schachtel herum, damit auch ihre Gäste ihr ganz besonderes Geschenk betrachten konnten.

»Habe ich nicht wundervolle Kinder?«, sagte sie. Dann ließ sie den Ring herumgehen, und es war aufregend, die erstaunten Ausrufe zu hören, während der Ring von Hand zu Hand weitergereicht wurde.

Nachdem die Gäste fort waren, blieb ich noch, um beim Aufräumen zu helfen. Als ich gerade in der Küche das Geschirr spülte, hörte ich ein Gespräch zwischen meinen Eltern im angrenzenden Zimmer. »Nun, Pauline«, sagte mein Vater, »das ist wirklich ein schöner Ring, den die Kinder dir geschenkt haben. Ich schätze, das ist das schönste Geburtstagsgeschenk, das du je bekommen hast.«

Meine Augen füllten sich mit Tränen, als ich ihre Antwort darauf hörte. »Ted«, meinte sie leise, »das ist wirklich ein sehr schöner Ring. Aber das schönste Geburtstagsgeschenk, das ich je bekommen habe? Das war eine Schachtel mit Haarklammern.«

Linda Goodman, aus: Alice Gray (Hrsg.), Eine Kerze für Sarah und andere Geschichten, die das Herz berühren, Gerth Medien, Asslar 2002

f) Zwei lustige Gedichte

Noch'n Gedicht

Man hat ganz oben auf dem Kopfe
viel tausend Poren, dicht bei dicht.
Und nun – das ist das Wunderbare:
aus diesen Poren wachsen Haare!!!
Oder auch nicht.

Aus: Heinz Erhardt, Noch'n Gedicht, Fackelträger Verlag, Oldenburg 2000

Der Bart des Kätzchens

Warum hat das Kätzchen bloß
Einen Bart, so lang und groß?
Weil das kluge Kätzchen dann,
Wenn der Napf schon lange leer ist
Und es gerne etwas mehr isst,
Noch am Barthaar schleckern kann.

Aus: James Krüss, Der wohltemperierte Leierkasten, C. Bertelsmann Jugendbuch Verlag, München 2001, einem Unternehmen der Verlagsgruppe Random House GmbH

g) Gedicht: Loreley

Ich weiß nicht, was soll es bedeuten,
Dass ich so traurig bin;
Ein Märchen aus alten Zeiten,
Das kommt mir nicht aus dem Sinn.
Die Luft ist kühl, und es dunkelt,
Und ruhig fließt der Rhein;
Der Gipfel des Berges funkelt
Im Abendsonnenschein.

Die schönste Jungfrau sitzet
Dort oben wunderbar,
Ihr goldnes Geschmeide blitzet,
Sie kämmt ihr goldenes Haar.

Sie kämmt es mit goldenem Kamme
Und singt ein Lied dabei;
Das hat eine wundersame,
Gewaltige Melodei.

Den Schiffer im kleinen Schiffe
Ergreift es mit wildem Weh;
Er schaut nicht die Felsenriffe,
Er schaut nur hinauf in die Höh.
Ich glaube, die Wellen verschlingen
Am Ende Schiffer und Kahn;
Und das hat mit ihrem Singen
Die Loreley getan.

(Heinrich Heine 1823)

e) Kurioses und Heiteres

»Im 17. und 18. Jahrhundert war das Haarewaschen ein halbjährliches Ereignis. Die modebewusste Frau ersann aufgetürmte Frisuren, die Gemüse, Früchte, Federn und sogar Blumenvasen zierten. Manche Damen verbrachten die Nacht lieber sitzend, als ihren Kopfschmuck beim Liegen im Bett zu zerstören.«

(Jacki Wadeson, Frisuren, Bechtermünz Verlag 1996)

»Der Höfling Damokles rühmte den König von Syrakus als den glücklichsten König unter der Sonne. Der König bot dem Höfling daraufhin an, mit ihm den Platz zu tauschen; über den Thron aber ließ er ein Schwert aufhängen, das nur an einem Pferdehaar befestigt war. Er erteilte Damokles damit auf drastische Weise die Lehre von der ständigen Bedrohung jedes Glücks.«

(Duden, Bd. 11, Redewendungen)

Auch eine Landkarte aus Haar gab es: 1806 wurde dem französischen Kaiserhaus eine Landkarte von Frankreich überreicht, deren Flüsse und Städte aus menschlichem Haar angefertigt waren.

(Z.T. Zitate, Utz Jeggle, Der Kopf des Körpers, Quadriga 1986, Weinheim/Berlin)

Es gab Zeiten, da war es schick, eine Perücke zu tragen. Die eigenen Haare wurden abrasiert und die Perücke »zum Entlausen in die Perückenmacherwerkstatt gebracht«. Die Perücken, aber auch die aufgetürmten Frisuren aus eigenem Haar, wurden mit Mehl gepudert, um die Haare zu entfetten und zu lockern. »Ein englischer Soldat verstäubte zum Beispiel zur Zeit Georgs II. (1727-1760) wöchentlich ein Pfund Mehl.« In Zeiten, in denen das Getreide knapp war, mehrte sich dann auch die Kritik an dieser Art von Körperpflege. Im Jahr 1740 etwa wurde der Weizen in Paris so teuer, dass »nicht nur Luxusgebäck, sondern auch das Haarpuder verboten wurde«. Und in England wurde 1795 die Pudersteuer eingeführt, eine Steuer, »die der Verschwendung von Mehl für Modezwecke Einhalt gebieten sollte«.

(Vgl.: Sehnsucht nach Vollkommenheit, Die Sammlung Schwarzkopf in neuem Licht, Berlin 1995)

In vielen Hygrometern (Geräte zur Messung der Luftfeuchtigkeit) werden Haare verwendet, die sich je nach Luftfeuchtigkeit ausdehnen.

In Amerika gibt es einige kuriose Gesetze: In Michigan etwa muss eine Frau ihren Ehemann um Erlaubnis fragen, wenn sie ihre Haare schneiden lassen will. Ihre Haare gehören nämlich ihm!

In Wisconsin dagegen verstößt jemand gegen das Gesetz, wenn er einer Frau die Haare schneidet.

In Waterloo in Nebraska haben es Friseurbesucher gut. Sie brauchen nicht zu fürchten, von unangenehmen Gerüchen belästigt zu werden. Friseure müssen hier nämlich zwischen 7 Uhr morgens und 7 Uhr abends auf das Essen von Zwiebeln verzichten.

(Quelle: David Crombie/Falk van Helsing, Pfeifen unter Wasser streng verboten, Die kuriosesten Gesetze der Welt, Frankfurt a.M. 2001)

»Mancher findet nur darum ein Haar in jeglicher Suppe, weil er das eigene Haupt schüttelt, solange er isst.« (Hebbel)

Der Grieche »Histaios war in persischer Gefangenschaft, erhielt aber die Erlaubnis, einen Brief an seinen Cousin Aristagoras zu schreiben. Die Perser prüften die Nachricht sorgfältig, aber sie konnten nichts Verdächtiges feststellen – der Inhalt war absolut harmlos. Sie erlaubten, dass ein Sklave den Brief Aristagoras überbrachte. Als der Sklave bei Aristagoras ankam, sagte er zu ihm: ›Schert mir den Kopf!‹ Aristagoras tat es und förderte so die geheime Botschaft seines Cousins zu Tage – eintätowiert in die Kopfhaut des Sklaven stand nämlich zu lesen: ›Erhebt euch gegen die Perser!‹«

(Aus: Terry Deary, Sagenhaft – die Griechen, Loewe Verlag 1998)

Witze:

Nach einer Pause von fünfundzwanzig Jahren geht Karl-Jens wieder zum Friseur. Nach einiger Zeit des Herumschnippelns meint der Meister: »Sind Sie eigentlich früher mal Motorrad gefahren?« – »Ja, wieso?« – »Ich glaube, ich bin soeben auf Ihren Sturzhelm gestoßen!«

»Es ist so schrecklich! Mir fallen vor lauter Sorge die Haare aus!« – »Du Ärmster! Was für Sorgen hast du denn?« – »Dass mir irgendwann die Haare ausfallen könnten!«

(Beide Witze aus: Reinhold Reitberger, Die Lachbombe. Witze zum Losplatzen, Franz Schneider Verlag, München 1993)

Fips' große Schwester hat einen Verehrer. Weil der nicht weiß, was er machen soll, sagt er zu Fips: »Du bekommst fünf große Lutscher von mir, wenn du mir eine Locke von deiner Schwester bringst!« Fips freut sich: »Au fein! Und was bekäme ich für die ganze Perücke?«

»Morgen muss ich wieder zum Friseur!«, klagt Tante Frida. »Ich gehe jedes Mal mit Grauen hin.« – »Na ja«, grinst Roland, »dafür kommst du ja mit Blonden wieder.«

(Beide letzten Witze aus: Sonja Hartl (Hrsg.), Witze-Wirbel, Arena Verlag, Würzburg 1995)

5. Unterhaltsames

a) Sketch: Beim Friseur

Dekoration: Friseursalon

Personen: Hippie, Friseur

Hippie kommt mit sehr langem Haar. Nimmt auf Friseurstuhl Platz.

Hippie: Hallo!

Friseur: Guten Tag, der Herr. Oder sind Sie eine Dame?

Hippie: Opa, auf solche Späße habe ich keinen Bock!

Friseur: *(hängt Umhang um)* Auch gut. Was soll es denn sein?

Hippie: Haarschneiden und Bartstutzen, Chef!

Friseur: Sehr wohl, der Herr.

Hippie: Sagen Sie mal, Boss, haben Sie mich nicht auch beim letzten Mal bedient?

Friseur: Nein! Das ist unmöglich. Ich arbeite erst seit drei Jahren hier!

Licht aus.

(Aus: Heinz Schenk, Sketche und Blackouts, F. Englisch Verlag, Wiesbaden 1986)

b) Bewegungslied

Nach der Melodie des Liedes »Himmels Au, licht und blau ...« (EG 507) wird ein Vers zum Thema »Haar« gesungen.

> Menschenkind, sag' geschwind, wie viel zählst du Härlein?
> Ohne Zahl, so viel mal, soll mein Gott gelobet sein.

Es bietet sich natürlich an, die übrigen Verse des Liedes ebenfalls zu singen, die Bewegungen dabei aber nur bei dem Kehrreim (»Ohne Zahl, so viel mal, soll mein Gott gelobet sein«) zu machen. Die Verse dabei jeweils kurz vorlesen, damit man durchs Lesen im Gesangbuch nicht abgelenkt ist. So bleiben Kopf und Hände auf die Bewegungen konzentriert.

Menschenkind	– Mit beiden Händen auf sich selbst zeigen, Handflächen dabei zum Körper führen.
sag' geschwind	– Hände vom Körper weg nach vorne führen, die Handflächen bleiben dabei nach oben geöffnet.
wie viel zählst du Härlein?	– Mit beiden Händen die eigene Frisur umfahren; wer will, kann sich auch leicht an den eigenen Haaren zupfen.
Ohne Zahl	– Hände vor dem Körper auf Schulterhöhe halten und zur Faust schließen, dabei schaut die Faust zum eigenen Gesicht hin.
so viel	– Rechte Hand öffnen und alle fünf Finger spreizen, die Handrücken zeigen zum Körper, als ob man eine bestimmte Zahl zeigen würde. Die rechte Hand bleibt in dieser Haltung.
mal	– Linke Hand macht dieselbe Bewegung.
soll mein Gott gelobet sein.	– Beide Arme »gen Himmel« zum Lobe Gottes erheben.

Bewegungen: Vera Kern, Oberjettingen; Text: privat

c) Das 100 000-Haare-Quiz

Dieses Rätsel funktioniert so ähnlich wie die bekannten Fernsehquiz: Auf eine Frage werden verschiedene mögliche Antworten vorgegeben. Diese sind möglichst humorvoll formuliert. Natürlich ist nur eine Antwort richtig. Es hat sich bewährt, die Fragen nicht nur vorzulesen, sondern sie gleichzeitig mit dem Overheadprojektor zum Mitlesen auf die Wand zu projizieren.

Sie können das Rätsel auf verschiedene Weise in Ihrer Gruppe einsetzen:

- Bilden Sie je nach Teilnehmerzahl zwei bis vier kleinere Gruppen und fragen Sie abwechselnd.
- Geben Sie jeder Gruppe einen Zettel. Darauf muss jede Gruppe nun die richtigen Antworten schreiben. Sie lesen die Fragen der Reihe nach vor, die Auflösung gibt's erst ganz zum Schluss.
- Drei bis vier Frauen werden nach vorne gerufen. Sie werden abwechselnd gefragt, jede »kämpft« für sich.

1. Manchmal streiten Menschen um Belanglosigkeiten. Das nennt man dann
   a) Streit um des Königs Locken
   b) Streit um des Kaisers Bart
   c) Streit um des Grafen Glatze
   d) Streit um des Ritters Zopf

2. Wer behauptete von sich, er hätte sich an den eigenen Haaren aus dem Sumpf gezogen?
   a) Till Eulenspiegel
   b) Rumpelstilzchen
   c) Baron Münchhausen
   d) Hans-guck-in-die-Luft

3. Der deutsche Friseur Karl Nessler machte im Jahr 1906 eine wichtige Erfindung. Seither wurden Millionen von Frauenköpfen nach seiner Methode verschönt. Was erfand er?
   a) Dreiwetterlocke

b) Vierteljahressträhnen
c) Sturmfrisur
d) Dauerwelle

4. Hinter welchem Wintersportgerät verbirgt sich der Name einer Frisur?
   a) Rodel
   b) Bob
   c) Ski
   d) Schlitten

5. Was bedeutet das Wort »Friseur« wörtlich übersetzt?
   a) Haarkräusler
   b) Haarspalter
   c) Lockenwickler
   d) Bartscherer

6. Das Wort »frisieren« wird in den unterschiedlichsten Zusammenhängen benutzt. Was kann man aber nicht frisieren?
   a) Haare
   b) Bilanzen
   c) Kartoffeln
   d) Mopeds

7. Von welcher Obstsorte erhielt die Pomade ihren Namen?
   a) Apfel
   b) Birne
   c) Zwetschge
   d) Kirsche

8. Welcher Begriff bezeichnet keine Frisur?
   a) Pony
   b) Schuppenmolch
   c) Pferdeschwanz
   d) Affenschaukel

9. Wolfgang Amadeus Mozart komponierte 1786 eine berühmte Oper, die zum Thema »Haar« passt. Wie heißt diese Oper?
   a) Der Barbier von Sevilla

b) Hochzeit des Figaro
c) Die Zauberschere
d) Der Friseur und das Biest

10. Werden mit einer Brennschere Wellen in das Haar gemacht, so nennt man das:
    a) pediküren
    b) ondulieren
    c) maniküren
    d) blanchieren

11. Welche Personen wurden aufgrund ihrer Frisur »Pilzköpfe« genannt?
    a) Schweizer Garde im Vatikan
    b) Schlümpfe
    c) Beatles
    d) Männer der Fremdenlegion

12. In manchen Zeiten waren rote Haare äußerst beliebt. Welche der folgenden Personen hatte aber kein rotes Haar?
    a) Kaiser Barbarossa
    b) Pippi Langstrumpf
    c) Boris Becker
    d) Abraham Lincoln

13. In einem Märchen der Brüder Grimm schließt die Zauberin das Mädchen Rapunzel in einen Turm ein, der weder Treppe noch Tür hatte. Wenn die Zauberin hinein wollte, rief sie deshalb laut:
    a) Rapunzel, Rapunzel, wirf deinen Zopf herab!
    b) Rapunzel, Rapunzel, lass mir dein Haar herunter!
    c) Rapunzel, Rapunzel, mach deinen Pferdeschwanz auf!
    d) Rapunzel, Rapunzel, schneid deine Locken ab!

14. Welche Zeile stammt nicht aus einem Lied von Udo Jürgens?
    a) Siebzehn Jahr, blondes Haar, so stand sie vor mir.
    b) Da küsst' ich rote Lippen und gold'nes blondes Haar.
    c) Dann föhn' ich äußerst lässig, das Haar, das mir noch blieb.
    d) Da saßen Männer mit braunen Augen und schwarzem Haar.

15. Wer war aufgrund seines guten Aussehens einst »Mr. Israel«?
    a) Elisa
    b) Simson
    c) Salomo
    d) Absalom

16. In dem Buch »Der Struwwelpeter« heißt es:
    »An den Händen beiden
    ließ er sich nicht schneiden
    seine Nägel fast ein Jahr ...«
    Wie geht dieser Vers weiter?
    a) ... waschen ließ er nicht sein Haar.
    b) ... kämmen ließ er nicht sein Haar.
    c) ... schneiden ließ er nicht sein Haar.
    d) ... föhnen ließ er nicht sein Haar.

17. Aus welchem Gedicht stammen die Zeilen:
    »Durch die Tapetentür in das Gemach gelangt
    Vor seinem Lager steht des Schlosses Herr – ergraut,
    Dem gestern dunkelbraun sich noch gekraust das Haar.«
    a) Die Füße im Feuer (Conrad Ferdinand Meyer)
    b) Die Bürgschaft (Friedrich Schiller)
    c) Heidelberg (Friedrich Hölderlin)
    d) Das Schloss Boncourt (Adelbert von Chamisso)

18. Wer hatte eine sehr haarige Haut?
    a) Jakob
    b) Isaak
    c) Esau
    d) Abraham

Lösungen:

1b; 2c; 3d; 4b; 5a; 6c; 7a; 8b; 9b; 10b; 11c; 12d; 13b; 14b (aus: »Ich hab' mein Herz in Heidelberg verloren«; 14c aus: »Mit 66 Jahren …«; 14d aus: »Griechischer Wein«); 15d (vgl. 2. Samuel 14,25); 16b; 17a; 18c

d) Spiele

Kim-Spiel: Für dieses Spiel brauchen Sie etwa 20-25 unterschiedliche Gegenstände, die alle etwas mit dem Thema »Haar« zu tun haben, also z.B. verschiedenartige Kämme, Bürsten, Lockenwickler, Haarreif, -nadel, Frisierumhang, Shampoo, Spray, Färbemittel, Haarteil etc. Bei einem kleineren Kreis können Sie alles gut sichtbar auf den Tisch legen, bei einem größeren Kreis (über 10 Teilnehmer) empfiehlt es sich, die Gegenstände auf den Boden zu legen und in einem Stuhlkreis darum herumzusitzen. Heben Sie jeden Gegenstand einzeln auf, zeigen und benennen Sie ihn. So weiß jeder ganz genau, was alles da liegt. Dann werden die Gegenstände mit einem großen Tuch verdeckt, ein Gegenstand wird verdeckt weggenommen und das Ganze wieder aufgedeckt. Welcher Gegenstand fehlt?

Sie können das Spiel variieren, indem Sie zusätzlich die Gegenstände auf ihrem Platz vertauschen, mal 2 oder 3 Gegenstände wegnehmen oder stattdessen einen neuen Gegenstand hinzufügen.

Verteilen Sie Punkte für jede richtige Antwort (z.B. in Form von Frisurenbildern, die Sie aus einer Modezeitschrift ausgeschnitten haben) und verschenken Sie nachher großzügig kleine Preise.

»Begriffesammeln«: Machen Sie Gruppen von 3 bis 5 Teilnehmerinnen. Jede Gruppe bekommt einen Zettel, einen Stift und 5 Minuten Zeit. In dieser Zeit müssen möglichst viele verschiedene Begriffe rund um das Thema »Haar« gesammelt und aufgeschrieben werden. Anschließend werden die gefundenen Begriffe vorgelesen und gezählt. Wer am meisten Begriffe hat, hat natürlich gewonnen.

Dieses Spiel eignet sich auch gut zu Beginn des Nachmittags als Einstieg ins Thema.

Kennen Sie eine nette Friseurin/Friseur? Dann laden Sie sie/ihn ein, um ein paar Tipps zum Thema »Haarpflege« zu geben.

e) Preise

Kämme, Haarnadeln, Haargummi, kleine Portionsfläschchen von Shampoo etc.
Preise können Sie auch für folgende Fragen verteilen:

Wer hat das längste Haar?

Wer kennt einen »Haar in der Suppe«-Witz?

Wer war letzte Woche beim Friseur?

6. Gestaltungsideen

Legen Sie Gegenstände zum Thema als Dekoration auf den Tisch. (Sie können diese dann später gleich für das Kim-Spiel (s. 5d) verwenden. Oder Sie legen Kleinigkeiten (s. 5e) auf den Tisch, von denen sich zum Schluss jede Frau etwas nehmen darf.)

Schenken Sie zum Schluss jeder Frau als persönlichen Zuspruch eine Karte (s. S. 51). Auf dieser Karte befestigen Sie einen Klebepunkt mit doppelseitigem Klebeband (die obere Abdeckfolie darauf lassen). Darauf kann nun jede Frau ein ganz eigenes Haar kleben. Oder Sie stecken anstatt des Klebepunktes eine Haarnadel an die Karte, mit der dann das Haar festgeklemmt wird.

7. Vorschlag für den Stundenablauf

1. Begrüßung und Einführung ins Thema
2. Lied: Gold und Silber lieb ich sehr (Deutsche Weisen)
3. Begriffe sammeln. In Gruppen werden Begriffe und Assoziationen rund ums Thema »Haar« gesammelt und anschließend zusammengetragen. Zeit für die Gruppen: 5 Minuten

„Nun aber sind auch eure Haare auf eurem Haupt alle gezählt.“

Jesus Christus in Mt. 10,30

4. Wissenswertes zum Thema (s. 4b)
5. Bewegungslied (s. 5b)
6. Wissenswertes zum Thema, Teil 2: Haarkunstwerke und Kurioses (s. 4c und 4h)
7. Das 100 000-Haare-Quiz (s. 5c)
8. Pause zum Teetrinken und Reden
9. Lied/Gedicht von der Loreley: Ich weiß nicht, was soll es bedeuten (Deutsche Weisen)
10. Austauschrunde: Was haben wir schon alles mit Haaren erlebt?
11. Nochmals Bewegungslied (s. 5b)
12. Andacht und Gebet
13. Lied: EG Regionalteil W 586: Gott gibt ein Fest und alle sollen kommen
14. Karten verteilen (s. 6)

8. Literatur und Adressen

Bücher:

Siehe Angaben zu den einzelnen Artikeln

Adressen:

- Schnuteputzers-Friseurmuseum, 68804 Altlußheim (www.schnuteputzer.de)
- Friseurmuseum, Berlin (www.stadtmuseum.de)
- Christophs Friseur-Museum, 89340 Leipheim
- Deutsches Hygiene Museum, 01069 Dresden (www.dhmd.de)
- Überseeische Missions-Gemeinschaft (früher: China-Inland-Mission), Am Flensunger Hof 12, 35325 Mücke

Ein zuckersüßer Nachmittag – nicht nur für Schleckermäuler

1. Das Thema

Süßigkeiten sind bei fast allen Menschen von klein auf beliebt und bescheren im Alltag immer wieder neue »Glücksmomente«. Auch wenn man mit Blick auf die eigene Gesundheit auf diesem Gebiet zurückhaltend sein muss, sind doch viele angenehme Erinnerungen mit dem Thema verbunden.

Aus dem vielfältigen Material lassen sich gut zwei verschiedene Gruppenstunden gestalten: zum Thema »Süßigkeiten« allgemein und zum Spezialthema »Schokolade«.

2. Assoziationen

a) Stichworte und Redewendungen

Stichworte:

Zuckersüß, honigsüß, süß-sauer, bittersüß, Rübenzucker, Raffinade, Rohrzucker, Puderzucker, Würfelzucker, Staubzucker, Kandiszucker, Vanillinzucker, Zuckerhut, Traubenzucker, Zuckerbäcker, Zuckerwatte, Zuckerkrankheit, Bienenhonig, Waldhonig, Blütenhonig, Tannenhonig etc.

Süßkirsche, Süßwein, Süßmost, Süßwasser, Süßschnabel, Honigmond (= Flitterwochen), Schokolade, Schokoladengesicht

Redewendungen:

- Rache ist süß
- ein süßes Geheimnis haben
- dem Affen Zucker geben
- Zuckerbrot und Peitsche
- durch den Kakao ziehen
- Süßholz raspeln
- die Rosinen herauspicken
- große Rosinen im Kopf haben
- das Land, wo Milch und Honig fließt
- wie ein Honigkuchenpferd grinsen
- süßes Nichtstun, süßer Schlaf, das süße Leben
- nicht aus Zucker sein
- etwas ist kein Zuckerschlecken (kein Honigschlecken)
- seine Schokoladenseite zeigen
- die Kleine ist süüüß

Sprichwörter:

- Honig lockt einen Bären in die Falle. (Estland)
- Zucker in der Jugend macht faule Zähne im Alter.
- Zuckerrohr ist nie zugleich an beiden Enden süß.

Weitere Assoziationen:

Märchen vom süßen Brei, vom Schlaraffenland, vom tapferen Schneiderlein, Hänsel und Gretel, Rotkäppchen, Tischlein-Deck-Dich

Ein grober Überblick – Was gibt es auf dem Süßigkeitenmarkt:

Schokolade o.Ä.: gefüllte und ungefüllte Tafeln, Riegel, Pralinen; Schokolade in Formen (z.B. Osterhasen); kakaohaltige Getränkepulver (z.B. Kaba); Brotaufstrich (z.B. Nutella)

Zuckerwaren: Bonbons, Gummibonbons (z.B. Gummibärchen), Marzipan, Komprimate und Pastillen (auch als Tabletten bezeichnet; flache, harte, bonbonartige Stücke), Dragees (z.B. Liebesperlen, zum Bestreuen für Kuchen), Lakritzwaren, Schaumzuckerwaren (z.B. Schokoküsse, Marshmallows), kandierte Früchte, Gelee-Erzeugnisse, Krokant, Fondant, Glasurmassen, Kaugummi, Brause- und Getränkepulver, Nugat, Trüffel, Eiskonfekt, Diabetiker-Zuckerwaren

Backwaren: Kekse, Waffeln, Lebkuchen, Kuchen, Torte

Eis: Milchspeiseeis, Fruchteis, Softeis, Eis am Stiel, zum Portionieren etc.

Sonstiges: Nachtische und Süßspeisen, Honig, Marmelade, Joghurts und andere süße Milcherzeugnisse, Limonaden, Fruchtsäfte

b) Worte aus der Bibel

Allgemeines:

In der Zeit des Alten und Neuen Testaments gab es in Palästina noch keinen Zucker. Natürlich mochten aber auch die Menschen damals schon Süßes. Das Süßungsmittel schlechthin war in dieser Zeit der Honig. Die Israeliten wurden von Gott in ein Land geführt, in dem »Milch und Honig fließt«. Anders als in Ägypten finden sich in Israel keine Hinweise auf Bienenzucht. Honig wurde in Felsspalten oder Bäumen gefunden. Daneben gab es süße Früchte, die getrocknet wurden (z.B. Feigen, Weintrauben). Aus Feigen und Rosinen wurden Kuchen gemacht, die aus zusammengepressten Früchten bestanden.

Weitere Stellen:

1. Mose 43,11: Die Söhne Jakobs bringen ihrem Bruder Josef u.a. Honig als Geschenk (ähnl. 1. Könige 14,3: Kuchen und Honig als Geschenk)

2. Mose 3,8: ein Land, in dem Milch und Honig fließt (vgl. auch 5. Mose 8,8)

2. Mose 16,31: Manna schmeckt wie Semmel mit Honig

Richter 14,12-20: Simson stellt ein Rätsel: »Speise ging aus vom Fresser und Süßigkeit vom Starken.«

1. Samuel 14,25-43: Jonathan isst wilden Honig und weiß nicht, dass sein Vater, König Saul, bis zum Abend dieses Tages allen zu essen verboten hatte.

Nehemia 8,10: »Esst fette Speise und trinkt süße Getränke ...«

Psalm 19,11: Die Rechte des Herrn ... »sind süßer als Honig und Honigseim« (vgl. auch Psalm 119,103).

Sprüche 9,17: Die Torheit spricht: »Gestohlenes Wasser ist süß, und heimliches Brot schmeckt fein.«

Sprüche 24,13: »Iss Honig, mein Sohn, denn er ist gut, und Honigseim ist süß deinem Gaumen.« (Aber auch Sprüche 25,27: »Zu viel Honig essen ist nicht gut ...«; ähnl. auch 25,16).

Sprüche 27,7: »Ein Satter tritt Honigseim mit Füßen; aber einem Hungrigen ist alles Bittre süß.«

Hesekiel 3,3: Hesekiel isst eine Schriftrolle, die in seinem Mund süß wie Honig wird (vgl. auch Offenbarung 10,9).

Matthäus 3,4: Johannes der Täufer ernährt sich von Heuschrecken und wildem Honig.

Kuchen in der Bibel:

1. Mose 18,6: Sara backt Kuchen

1. Samuel 25,18: Abigail bringt David u.a. 100 Rosinenkuchen und 200 Feigenkuchen (s. auch 1. Samuel 30,12; 2. Samuel 16,1; 1. Chronik 12,40).

c) Lieder

EG 70: Wie schön leuchtet der Morgenstern ..., V. 1: ... die süße Wurzel Jesse, V. 2: ... dein süßes Evangelium ist lauter Milch und Honig.

EG 85: O Haupt voll Blut und Wunden ..., V. 5: ... dein Mund hat mich gelabet mit Milch und süßer Kost

EG 130: O Heilger Geist, kehr bei uns ein ..., V. 5: ... dein himmelsüßes Wort, V. 6: Du süßer Himmelstau

EG 161: Liebster Jesu, wir sind hier ..., V. 1: ... süße Himmelslehren

EG Regionalteil W 619: Du bist der Weg und die Wahrheit und das Leben ..., V. 1: Das Brot bist du für den, der Lebenshunger hat (dieses Lied passt gut zur Andacht, s. 3).

Tischgebetslieder:

EG 458: Wir danken Gott für seine Gaben
EG 460: Lobet den Herrn und dankt ihm seine Gaben
EG 463: Alle guten Gaben, alles was wir haben
EG 466: Segne, Herr, was deine Hand
O Gott, von dem wir alles haben, wir preisen Dich für Deine Gaben ...
Alle gute Gabe, kommt her von Gott dem Herrn

Meine Mu, meine Mu, meine Mutter schickt mich her
Backe, Backe, Kuchen, der Bäcker hat gerufen
Die Wissenschaft hat festgestellt ..., V. 5: ... dass Stanniol Schokolad enthält (Mundorgel 217)
Ich will keine Schokolade (Trude Herr)

3. Andacht und Gebet

Heute Nachmittag dreht sich bei uns alles um Sachen zum Essen. Essen ist für uns wichtig. Essen ist lebensnotwendig. Ohne Essen können wir nicht leben. Auch Gott weiß das. Und so werden in der Bibel immer wieder Geschichten erzählt, die davon berichten, wie Gott sein Volk satt macht. Eine dieser »Satt-mach-Geschichten« ist die Erzählung von der Wüstenwanderung des Volkes Israel. Sie steht im Alten Testament (2. Mose 16). Mit Sack und Pack waren die Israeliten aus Ägypten ausgezogen. Nun waren sie in der Wüste, hatten Hunger und nichts zu essen. Da sorgte Gott für sie: Wachteln kamen geflogen und die Israeliten fanden jeden Tag aufs Neue das Manna. Dieses Manna war ein Sekret der Manna-Schildlaus, die auf Tamariskenbäumen lebt. Es war ähnlich wie Honig und enthielt Zucker. Noch heute wird es von Beduinen auf dem Sinai gegessen. Für die Israeliten war dieses Manna Brot vom Himmel, mit dem Gott sie versorgte.

Ohne Essen können wir nicht leben. Das weiß auch Jesus. Die Evangelisten erzählen die Geschichte von der Speisung der Fünftausend. Nach einem langen Tag mit einer langen Predigt waren Jesu Zuhörer hungrig, und er gab ihnen zu essen. Mit wenigen Broten und Fischen machte er 5000 Menschen satt. Gott als unser Schöpfer weiß, dass wir essen müssen, um leben zu können. Dass wir jeden Tag aufs Neue Hunger haben. Und deshalb sorgt er für uns. Aber Gott als unser Schöpfer weiß auch, dass wir Menschen noch einen ganz anderen Hunger haben. Lebenshunger. Hunger nach erfülltem, sinnvollem und ewigem Leben. Gott will uns auch da sättigen. Deshalb ist Jesus zu uns in die Welt gekommen. Er ist das Brot zu einem erfüllten Leben, er ist das sättigende »Brot des Lebens«.

Es ist schon einige Zeit her, da saß in Tübingen eine Runde Theologiestudenten mit ihrem Lehrer zusammen. Der Lehrer war ein »Süßer«, einer, der gerne Süßes schleckte. Süßspeisen und Kuchen mochte er besonders. In dem Gespräch mit den Studenten ging es um Gottes Wort, und da machte der Lehrer einen überraschenden Vergleich: »Gottes Wort«, sagte er, »Gottes Wort, das ist so gut wie Pudding.«

Gottes Wort – so gut wie Pudding? Das ist schon ein etwas gewagter Vergleich. Ob man das so sagen kann? Gottes Wort als »Brot des Lebens« – das haben wir schon oft gehört. Und manchem von uns erscheinen die Geschichten und Worte der Bibel dabei doch mehr wie trockenes Brot, hart und schwer zu beißen, ohne besonderes Aroma, mühsam zu verstehen. Schaut man in die Psalmen, dann stellt man allerdings fest, dass der Vergleich mit dem Pudding gar nicht so außergewöhnlich ist. »Dein Wort«, sagt da der Psalmbeter und meint damit Gottes Wort, »dein Wort ist meinem Munde süßer als Honig« (Psalm 119,103). Vielleicht war dieser Psalmbeter ja auch einer, der gern Süßes schleckte!

Heute Nachmittag geht's bei uns ums Essen, auch von Süßem und von Süßigkeiten. Und da behauptet doch einer, Gottes Wort sei wie

Pudding, und ein anderer meint, Gottes Wort sei so süß wie Honig? Wo es uns doch oftmals mehr wie hartes, trockenes Brot erscheint? Was ist mit diesem Psalmbeter los? Sind seine Geschmacksnerven gestört? Ist er weltfremd, nicht mehr auf dem Boden der Tatsachen oder einfach nur überfromm?

Gottes Wort – trockenes Brot oder süß wie Honig?

Viele Ärzte heutzutage sagen, dass wir Menschen viel zu wenig kauen. Wir beißen ins Brot, kauen ein paar Mal drauf rum, und – schwupps! – wird es auch schon hinuntergeschluckt. Dreißigmal und noch mehr sollte jeder Bissen eigentlich gekaut werden. Das wäre besser für unsere Gesundheit. Wer dies tatsächlich macht, wird zwar wesentlich länger am Tisch sitzen, aber er wird auch eine erstaunliche Erfahrung machen: Wenn man Brot lange kaut, dann bekommt es plötzlich einen süßen Geschmack. Probieren Sie es einfach daheim einmal aus. Vielleicht ist das ja auch das Geheimnis des Psalmbeters: Für ihn war Gottes Wort das Brot des Lebens. Er hat sich mit diesem Wort beschäftigt, es in sein Leben hineingelassen, damit gelebt, es immer und immer wieder »gekaut«. Und dann hat er gemerkt, dass Gottes Wort »süß wird wie Honig«, dass es gut tut, dass es heilt und hilft. Dass es tröstet und aufrichtet. Dass es nicht knechtet, sondern frei macht. Dass es Brot ist, das den Lebenshunger stillt. Vielleicht erscheint uns die Bibel manchmal nur deshalb so trocken und spröde, weil wir uns zu wenig Zeit für sie nehmen. Weil wir uns zu wenig bemühen, diese Worte zu verstehen, die aus einer ganz anderen Zeit stammen und deren Formulierungen uns manchmal ungewohnt und fremd sind. Wir wollen's gern nach »ein Mal kauen« oder besser gesagt »ein Mal lesen« schon kapiert haben. Und wenn's nicht klappt, wird die Bibel wieder weggelegt.

Wer dranbleibt an der Bibel, wer sich mit Gottes Wort immer wieder beschäftigt und seinen Verheißungen in konkreten Alltagssituationen vertraut, der wird merken: Gottes Wort, das Brot des Lebens, bleibt nicht trocken theoretisch. Es kann für uns so süß wie Honig werden, weil es Hoffnung und Zuversicht gibt und den Weg zu ewigem Leben zeigt.

Gebet:

Vater im Himmel,

du bist unser Vater, der für uns sorgt. Wir danken dir, dass du uns jeden Tag aufs Neue satt machst und dass wir um unser tägliches Brot nicht bangen müssen.

Vater im Himmel, du kümmerst dich um unseren Leib und um unsere Seele. Du willst auch unseren Lebenshunger stillen. Wir danken dir, dass dein Wort, deine Verheißungen und deine Liebe unsere Seele satt machen und uns so zu erfülltem und sinnvollem Leben helfen. Schenke, dass wir nicht nachlassen, uns mit deinem Wort zu beschäftigen. Lass es uns immer wieder neu verstehen und unser Herz erreichen.

Amen.

4. Materialsammlung zum Thema

a) Lebensbild: Das Leben der Helen Cadbury – Vom Schokoriegel zum Brot des Lebens

Welches Kind träumt nicht davon, den Besitzer einer Schokoladenfabrik als Vater zu haben! Denn das würde bedeuten: Schokolade von morgens bis abends und Naschen ohne Ende! Was könnte für ein Kinderherz schöner sein?

Helen Cadbury hatte dieses Glück. Ihr Vater besaß eine große Schokoladenfabrik in Bournville in England. Schon der Großvater hatte ein kleines Tee- und Kaffeegeschäft, in dem er auch Schokolade verkaufte. Schokolade war in dieser Zeit noch etwas ganz Besonderes. Denn der Großvater von Helen gründete seinen Laden im Jahr 1824. Schokoriegel und Schokoladentafeln gab es damals noch gar nicht. Denn die Schokolade zum Essen wurde erst rund 20 Jahre später erfunden. Damals wurde Schokolade getrunken, mit Ei oder Milch vermischt. Leisten konnten sich dieses Getränk noch nicht allzu viele Menschen. Es war zu teuer. Doch das änderte sich in der folgenden Zeit grundlegend. Und Helen Cadburys Vater Richard war daran nicht unbeteiligt.

Richard und sein Bruder bauten das Schokoladengeschäft ihres Vaters mit viel Geschäftssinn weiter aus. 1853 erwarb die Firma das Vorrecht, die Schokolade für Königin Victoria zu liefern, und 13 Jahre später brachten die Cadburys mit großem Erfolg ein eigenes Kakaopulver auf den Markt. Richard Cadbury hatte aber noch mehr Ideen. Er kreierte z.B. die erste Schokoladenschachtel für süße Naschereien. Später verschönte er diese Schachteln mit Bildern verschiedener Künstler. Auch Gemälde von ihm selbst waren dabei.

Der Handel mit Süßwaren hatte sich inzwischen zu einem sehr erfolgreichen Geschäft entwickelt. Aber Richard Cadbury war nicht nur ein tüchtiger Geschäftsmann. Er war auch fromm. Richard gehörte zur religiösen Gemeinschaft der Quäker, einer Bewegung, die auf den Engländer George Fox zurückging und durch religiöse Ernsthaftigkeit und soziales Engagement geprägt ist. Tägliches Bibellesen und gemeinsames Gebet im Familienkreis waren für Richard Cadbury selbstverständlich. Er engagierte sich bei Evangelisationswochen und predigte in den Armenvierteln. Immer wieder stieß er dabei auf Menschen, die Probleme mit Alkohol hatten. In der gesunden und wohltuenden Schokolade sah Richard Cadbury die ideale Alternative zum Alkohol. Die Menschen sollten lieber Kakao trinken statt Gin! So war es u.a. auch Richard Cadbury und seinem Kampf gegen den Alkohol zu verdanken, dass sich schließlich alle Bevölkerungsschichten Schokolade leisten konnten. Aber Richard Cadburys Engagement ging noch weiter. Er gab einen Teil seines Reichtums an die Angestellten weiter, zahlte Urlaubstage, Pensionen und höhere Löhne, verkürzte die Arbeitszeiten und sorgte für medizinische und zahnärztliche Versorgung. Er baute hübsche Häuser für seine Arbeiter, richtete eine Bibliothek, einen Kinderhort, Sportplätze und ein Schwimmbad für Frauen ein. Nur ein Pub, eine Kneipe, war in der Cadbury-Siedlung nicht zu finden.

Helen Cadbury hatte also das, was sich alle Kinder wünschen, sie hatte einen reichen Schokoladenfabrikbesitzer zum Vater. Am

10. Januar 1877 wurde sie als jüngstes von 6 Geschwistern geboren. Sie wuchs in der Nähe von Birmingham in England auf. Und sie hatte es wirklich gut. Nicht nur, weil es bei ihnen zu Hause genügend Schokolade und wunderbare Süßspeisen gab. Helen wohnte auch in einem schönen Haus mit wunderbarer Umgebung. Felder, Wälder und ein kleiner See waren in der Nähe und boten viele Möglichkeiten zum Spielen. Hier verbrachte sie eine unbeschwerte Kindheit. Aber sie war trotz allem kein »verwöhntes reiches« Kind. Das Vorbild des Vaters färbte auf sie ab. Schon früh begleitete sie ihren geliebten Vater bei Besuchen im Kinderhort und in den Armenvierteln. Und sie versuchte, alte Menschen und Waisen immer wieder mit kleinen Geschenken zu erfreuen.

Im Jahr 1889, als Helen 12 Jahre war, nahm ihr Vater sie mit zu einer Evangelisation. Am meisten beeindruckten sie dort die fröhlichen Gesichter der Mitarbeiter. Sie erkannte einige von ihnen wieder und wusste, dass sie früher Alkoholiker waren. Nun waren sie ordentlich gekleidet, sangen im Chor oder arbeiteten als Platzordner. »Der Glaube an Jesus muss doch eine sehr starke Kraft sein, wenn er Menschen so verändern kann«, dachte Helen. Als der Prediger gegen Ende des Abends zu einer Entscheidung für Jesus aufrief, stand für Helen fest: Auch sie wollte Christ werden. Sie stand auf und ging nach vorne. Dort traf sie ihren Vater, der bei der Evangelisation mitarbeitete. Mit ihm sprach sie über das Gehörte, über Jesus und seine Vergebung und betete mit ihm. Und sie entschied sich für ein Leben mit Jesus. Nun war sie Christ, und darüber freute sie sich riesig.

Aber Helen wollte ihre Freude nicht für sich behalten. Auch andere sollten von der tollen Nachricht hören, dass Jesus jedem vergibt, der an ihn glaubt. So wurde Helen Cadbury zur jungen Missionarin. Ihr Missionsfeld war die Schule. Sie fing gleich am nächsten Tag an! Das letzte Mädchen wollte gerade den Klassenraum verlassen, da winkte Helen sie zu sich heran. Unter der Schulbank zog sie eine große, schwere Bibel hervor, las einen Bibelspruch und sagte zu dem Mädchen: »Damit bist du gemeint.« Helen betete für das Mädchen, und die Schulfreundin kam bald darauf zum Glauben an Jesus. Zu zweit warben sie um das dritte Mädchen und so ging es weiter. Ein kleiner Gebetskreis entstand. Nur ein Problem hatten die Mädchen: Ihre großen Bibeln, die sie immer mit zur Schule brachten, waren so unheimlich schwer. Doch Helens Vater schaffte Abhilfe. Er schenkte den Mädchen ein kleines Neues Testament, das sie nun in jeder Kleider- oder Schürzentasche mitnehmen konnten. Bald darauf – um 1890 – gründeten Helen und die anderen Schulmädchen einen Verein, den Taschenbibelbund. Sie verpflichteten sich, immer eine Bibel oder ein Bibelteil bei sich zu haben, täglich darin zu lesen, anderen von Jesus zu erzählen und für Menschen zu beten. Als Helen schließlich die Schule verließ, hatte der Taschenbibelbund 60 Mitglieder.

Dann vergingen einige Jahre. Helens Vater starb bei einer Israelreise und sie versuchte, seine Arbeit unter den Armen fortzuführen. Mit 27 Jahren lernte sie den amerikanischen Sänger und Evangelisten Charles Alexander kennen und heiratete ihn. Gemeinsam reisten sie um die Welt und arbeiteten bei Evangelisationen mit. Nun erlangte auch der Taschenbibelbund einen größeren Bekanntheitsgrad. 1908 wurde er in Amerika als weltweite Bibellese-Bewegung gegründet, und dort hat er bis heute seine Zentrale.

1993 feierte der Taschenbibelbund sein 100-jähriges Bestehen, mit über hundert Evangelisten in 23 Ländern. »Der bibelmissionarische Dienst des Taschenbibelbundes geschieht auf allen Kontinenten. Besonders verbreitet wird das Johannes-Evangelium, das bereits in mehr als siebzig Sprachen vom Taschenbibelbund weitergegeben wird. Der deutsche Zweig des Taschenbibelbundes entstand 1922. Er hat seinen Sitz in Bad Harzburg.«

Helen Cadbury starb am 1. März 1969 mit 92 Jahren. Und auch die englische Schokoladenfabrik Cadbury trägt wie der Taschenbibelbund bis heute zur Verbreitung der Bibel bei: Zur Hochzeit bekommt jeder Angestellte eine Nelke und eine Bibel als Geschenk überreicht.

Quellen:

Lois H. Dick, Helen Cadbury. Die Entstehungsgeschichte des Taschenbibelbundes, Kinderevangelisationsbewegung in Deutschland

Helen Cadbury 1877-1969. Faltblatt des Taschenbibelbundes (hieraus stammen die Zitate)

Chantal Coady, Schokolade. Ein Handbuch für Genießer, Benedikt Taschen Verlag, Köln 1998
Sophie und Michael C. Coe, Die wahre Geschichte der Schokolade, S. Fischer Verlag, Frankfurt a.M. 1997
Marcia und Frederic Morton, Schokolade. Kakao, Praline, Trüffel & Co., Deuticke Verlag, Wien 1995

b) Wissenswertes: Die Welt der Süßigkeiten

Süßwaren gibt es wie Sand am Meer. Wer einmal anfängt, alle ihm bekannten Süßigkeiten zu notieren, vom Kaugummi bis zum Fondantei, von den Schokolinsen bis zum Brausepulver, der wird wohl bald entnervt aufgeben. Die Liste ist zu lang!

Süßwaren unterscheiden sich in Form und Farbe, in der Zusammensetzung der Zutaten und in der unterschiedlichen Herstellung. Und sie sind nicht einmal alle süß. Denn zur Sparte der Süßwaren rechnet die deutsche Süßwarenindustrie auch die Knabberartikel wie Chips und Nüsse, und Backwaren wie Zwieback und Knäckebrot. Statistisch gesehen hat im Jahr 2001 jeder Deutsche im Durchschnitt 30,09 kg dieser Süßwaren gegessen und dafür 103,24 € ausgegeben.

Umgekehrt zählt nicht alles Süße zu den Süßwaren: Marmeladen etwa, oder Joghurts und Limonaden. Sie rechnet man entsprechend ihrer anderen Grundeigenschaften z.B. zu den Obst- oder Milcherzeugnissen oder zu den Getränken. So ist es dann auch nicht verwunderlich, wenn der Verbrauch von Zucker höher liegt als der Verbrauch von »Süßwaren«. Alles zusammengerechnet werden rund 35 kg Zucker in Deutschland pro Kopf und Jahr verbraucht.

Zucker – altindisch: sukkar – kommt ursprünglich aus Indien. Die erste Information über Zuckerrohr kommt von Alexander dem Großen durch dessen indischen Feldzug 337 v. Chr. In Indien wird Kristallzucker aus Zuckerrohr seit dem 4. Jh. n. Chr. gewonnen. Nach Europa kam der Zucker erst ums Jahr 1100 n. Chr. und leisten konnten sich ihn zunächst nur die Reichen. »Süßes Salz« wurde der Zucker genannt. Er kam zunächst mehr als Gewürz und in kleinen

Mengen zum Einsatz. Kochbücher mit Süßspeisen gab es in Mitteleuropa erst im 15. Jahrhundert. Einen wichtigen Schritt in Richtung Massenproduktion tat Christoph Kolumbus. Er brachte das Zuckerrohr in das neu entdeckte Amerika, die Produktion stieg sensationell und Zucker wurde bald zur wichtigsten Kolonialware.

Zur Massenware für die ganze Bevölkerung wurde Zucker zunächst in England. Ab 1850 wurde er hier zum festen Bestandteil der Ernährung. Eine wichtige Rolle für diesen Boom spielte der Tee, den die Engländer gerne gesüßt trinken. Die übrigen europäischen Völker zogen etwas verzögert mit dem Zuckerkonsum nach.

Eine wichtige Entdeckung machte der deutsche Chemiker Andreas S. Marggraf schon im Jahr 1747. Er fand heraus, dass der Saft der Wurzelrübe eine große Menge Zucker (12-21 %) enthielt. Bis zur systematischen Zuckergewinnung aus der Rübe dauerte es allerdings noch ein paar Jahrzehnte. Die »Kontinentalsperre« Napoleons I. 1806 forcierte den Rübenzucker enorm.

Die Zuckerproduktion hat aber auch ihre problematischen Seiten. Lange Jahre wurde die Schwerstarbeit in den Zuckerrohrplantagen der Kolonien von afrikanischen Sklaven verrichtet – unter schlechtesten Bedingungen. Nach dem Beginn der Zuckergewinnung aus Zuckerrüben forcierten die europäischen Länder und die USA diese Art der Zuckerproduktion. Bereits in den 20er Jahren des 20. Jahrhunderts gab es mehr Zucker auf der Welt als verbraucht wurde. Preisstürze, Krisen, Importbeschränkungen und Zölle waren die Folge, und in dem anhaltenden Kampf auf dem Zuckermarkt ziehen die Entwicklungsländer wie so oft den Kürzeren.

Quellen:

Internetseiten des BDSI (Bundesverband der Deutschen Süßwaren-Industrie e.V.)

Gert von Paczensky/Anna Dünnebier, Kulturgeschichte des Essens und Trinkens, Goldmann 1997

c) Informatives: Die Welt der Schokolade

Kaum jemand, der heutzutage in ein Stück Schokolade beißt, weiß, dass diese süße Versuchung auf die Azteken zurückgeht und ihre Einführung in Europa mit viel Blutvergießen und rücksichtsloser Ausbeutung verbunden war.

Im Namen der spanischen Krone landete im Jahre 1519 der *Konquistador* Hernán Cortés mit mehreren hundert Männern, Pferden und einigen Kanonen an der Küste von Veracruz am Golf von Mexiko. Als die Spanier die Azteken-Hauptstadt Tenochtitlán erreichten, standen sie der Kultur, die sie dort vorfanden, zunächst sprachlos gegenüber. Doch schon wenig später hatten sie die Reichtümer geplündert und das jahrhundertealte Reich in Schutt und Asche gelegt. So fand die blutrünstige Herrschaft Montezumas II. ein Ende, wie es die aztekische Mythologie prophezeit hatte, wenn auch nicht durch den Gott Quetzalcóatl, sondern durch die höchstirdischen Spanier.

Cortés verließ die schwelenden Ruinen von Tenochtitlán (heute Mexiko-Stadt) mit einem immensen Wissen über die aztekische Kultur, die er zerstört hatte. Ganz besonders faszinierte ihn ein seltsames Gebräu, das die Azteken als »Xocolatl« bezeichneten und das er schließlich in seiner Version am königlichen Hof Karls V. einführte. Vor ihm hatte bereits Kolumbus das mit Pfeffer gewürzte aztekische Getränk aus Kakaobohnen den Katholischen Majestäten Ferdinand und Isabella schmackhaft zu machen versucht, doch es war ihnen zu bitter. Gut zwanzig Jahre später gelang es Cortés, die Aufmerksamkeit des königlichen Hofes für das traditionelle Kakaogetränk durch die Zugabe von etwas Zucker und Vanille zu wecken und nicht zuletzt durch die Verbreitung von Anekdoten, denen zufolge Montezuma nach dem Genuss des heiligen Trunkes goldene Becher in den See zu werfen pflegte.

Das Kakaogetränk, das man Cortés am Ende der üppigen Bankette zu seinen Ehren am Hofe Montezumas angeboten hatte, unterschied sich erheblich von der Trinkschokolade, wie wir sie heute kennen. *Xocolatl* heißt so viel wie »herbes Wasser«. Aus spanischen Aufzeichnungen geht hervor, dass Montezuma »Xocolatl«

als Stärkungsmittel und Aphrodisiakum einsetzte, das allein den Männern höheren Standes vorbehalten war.

Diese Trinkschokolade war eine Art »flüssiges Gold«, denn die Kakaobohnen dienten auch als Zahlungsmittel: Ein Kaninchen kostete vier Bohnen, nächtlicher Damenbesuch zehn Bohnen und ein Sklave hundert Bohnen.

In den ersten hundert Jahren nach der Einführung des Kakaos nach Europa konnten sich auch hier nur die Adligen am Hof des Vizekönigs in der Neuen Welt sowie am Hof im Mutterland Spanien diesen Luxus leisten. Das Monopol währte jedoch nur bis zur ersten Hälfte des 17. Jahrhunderts. Über die Habsburger gelangte die Kunde vom Trinkkakao nach Deutschland, Österreich und Flandern und schließlich auch nach Frankreich. Die Reaktionen in den einzelnen Ländern waren unterschiedlich. So bezeichnete der Engländer John Parkinson das Getränk in einem Bericht als »eher für Schweine geeignet«. Kaum jemand, der das Gebräu von 1640 – eine Mischung aus Kakaobohnen, Zucker, Zimt, Chili, Nelken, Blauholz (eine Art Fenchel) und Anis – heute probieren würde, hätte wohl etwas gegen diese wenig schmeichelhafte Beschreibung einzuwenden.

Das änderte sich um das Jahr 1711, als Kaiser Karl VI. seinen Hofstaat von Madrid nach Wien verlegte: Mit dem Hof kam die spanische Vorliebe für Schokolade nach Wien. Die Stadt wurde berühmt für ihr üppiges Schokoladengetränk und später auch für einen edlen Schokoladenkuchen, die feine Sachertorte.

Im 18. Jahrhundert stieg der Schokoladenkonsum in Europa sprunghaft an. Allerdings konnten sich auch jetzt nur die wohlhabenderen Bürger diesen Genuss leisten, da Kakao ein teurer Rohstoff blieb. In England und Deutschland wurde der Import hoch besteuert, was dazu führte, dass gepanscht wurde: Findige Händler streckten den Kakao mit Stärke, gemahlenen Kakaoschalen, ja selbst mit fein zermahlenem Kies! In Deutschland wurde daher in den 70er Jahren des 19. Jahrhunderts der Verband deutscher Schokoladenfabrikanten gegründet. Seine Mitglieder verpflichteten sich unter Androhung hoher Konventionalstrafen, die Reinheitsvorschriften streng zu beachten. Das Reinheitsgebot für Schokolade gilt noch heute.

Der Siegeszug der Schokolade ließ sich nicht aufhalten. Um die Wende vom 19. zum 20. Jahrhundert stand Deutschland an der Spitze der Kakao verbrauchenden Länder; der jährliche Konsum pro Kopf war seit Mitte des Jahrhunderts um das Vierzehnfache gestiegen. Kakao und Trinkschokolade wurden für jedermann erschwinglich und hatten sich zu einem einträglichen Wirtschaftszweig entwickelt.

(Aus: Chantal Coady, Schokolade. Ein Handbuch für Genießer, Benedikt Taschen Verlag GmbH, Köln 1998)

d) Erzählung: Jeremy James und die Schokolade

Vorbemerkung: Jeremy James ist ein vielleicht 5-jähriger Junge. Er lebt mit seiner Familie in England. Aufmerksam beobachtet er die Welt der Erwachsenen aus seiner Perspektive und mit kindlicher Logik.

»Du isst viel zu viel Süßes«, sagte Mama. »Den ganzen Tag nur Bonbons, Schokolade, Kuchen und Eis!«

»Das ist gar nicht zu viel«, sagte Jeremy James. »Ich könnte noch viel mehr Süßes essen!«

»Es ist viel zu viel«, sagte Mama.

Die Familie saß am Mittagstisch, und nur weil Jeremy James keinen Appetit auf Gemüselasagne hatte, war Mama auf das Thema Süßigkeiten gekommen. Es stimmte: Jeremy James hatte an diesem Vormittag schon Bonbons gegessen, dazu noch einige Riegel Schokolade. Das war aber nicht der wirkliche Grund, warum Jeremy James keinen Appetit auf Gemüselasagne hatte: Er mochte Gemüselasagne nicht. Jedenfalls nicht so sehr wie Schokolade.

»Wenn du so weitermachst«, sagte Mama, »hast du mit zwanzig keine Zähne mehr.«

Jeremy James runzelte die Stirn. »Warum habe ich dann keine Zähne mehr?«, fragte er.

»Weil sie dann verfault sind«, sagte Mama.

»Papa isst auch Schokolade«, sagte Jeremy James.

»Papa isst nicht so viel Schokolade wie du«, sagte Mama. »Und außerdem hat er jetzt beschlossen, damit ganz aufzuhören.«

Jeremy James sah seinen Papa mit großen Augen an. Papa senkte den Kopf, blickte aufs Tischtuch und nickte ein bisschen traurig. »Das stimmt«, sagte Papa. »Ich habe ein großes Opfer gebracht: Ich esse keine Schokolade mehr.«

»Und was ist mit Bonbons?«, fragte Jeremy James.

»Auch keine Bonbons mehr«, sagte Papa. »Von jetzt ab, Jeremy James«, sagte Papa, »essen wir nur noch gesunde Sachen wie Obst und Gemüse. Davon werden wir beide groß und stark. Wie deine Mama.«

Mama lachte, aber Jeremy James fand das gar nicht komisch. Obst und Gemüse statt Bonbons und Schokolade – daran war überhaupt nichts komisch. Es war die alte Geschichte. Alles, was man mag, ist schlecht, und man muss essen/trinken/machen, was man nicht mag, um ein braver Junge zu sein.

»Iss deine Lasagne auf!«, sagte Mama.

Jeremy James kaute noch immer an dem Bissen Lasagne, den er zu kauen begonnen hatte, als Mama zum ersten Mal das Wort Schokolade erwähnte. Es war, als ob er Gummi kaute. Warum war Gummi gut und Schokolade schlecht?

»Bakterien«, sagte Papa. Papa benutzte immer besonders schwierige Wörter, wenn man ihm eine schwierige Frage stellte. Mama sagte meistens »hmf«, und Papa sagte meistens »Abrakadabra«, aber diesmal sagte er »Bakterien«. »Das sind klitzekleine Lebewesen«, sagte Papa, »die für ihr Leben gerne Zucker essen. Wenn man Zucker an den Zähnen hat, kommen sie sofort und essen die Zähne gleich mit auf. So ähnlich funktioniert das.«

»Wenn ich meinen Mund nicht aufmache«, sagte Jeremy James, »können sie ja gar nicht reinkommen.«

»Wenn du deinen Mund nicht aufmachst«, sagte Papa, »kommt die Schokolade aber auch nicht rein!«

»Ich könnte die Schokolade ja ganz schnell reinschieben«, sagte Jeremy James.

»Nicht schnell genug«, sagte Papa. »Und außerdem könnten die Bakterien schon in der Schokolade drin sein!«

Jeremy James überlegte einen Augenblick. »Wenn sie in der Schokolade sind«, sagte er, »warum haben sie sie dann nicht selber gegessen?«

»Das hängt alles mit Abrakadabra zusammen«, sagte Papa. Jeremy James dachte für sich, dass es wohl eher mit den Erwachsenen zusammenhängt, die einfach nicht kapieren, was gut für kleine Jungen ist. Und als es zum Nachtisch Obstsalat *ohne* Eiskrem gab, wusste er, dass es mit den süßen Sachen in diesem Haus endgültig vorbei war.

In den nächsten Wochen gab es nur noch »gesundes« Essen. Das heißt, es gab Obst, Gemüse, Fisch, Gemüse, Obst, Salat, Obst, Gemüse, Vollkornbrot, Gemüse, Obst, Joghurt, Obst und Gemüse. Und dann verkündete Mama eines Tages, sie habe zehn Pfund abgenommen.

»Man muss eben die richtigen Sachen essen«, sagte sie.

»Hab ich auch abgenommen, Mama?«, fragte Jeremy James.

»Hoffentlich nicht«, sagte Mama. »Du bist schon dünn genug.«

»Ich werde aber immer dünner«, sagte Jeremy James. »Vielleicht müsste ich mehr von den falschen Sachen essen, dann ...«

Aber Mama konnte beweisen, dass Jeremy James nicht dünner wurde. Sie stellte ihn auf die Badezimmerwaage, und da zeigte sich, dass er zwei Pfund schwerer war als beim letzten Wiegen. Aus irgendeinem Grund war das der Beweis, dass »gesundes« Essen gut für Mama war, weil sie nämlich abgenommen hatte, und auch gut für Jeremy James, weil er zugenommen hatte. Jeremy James erwähnte, dass er noch mehr zunehmen könnte, wenn er die falschen Sachen äße, aber Mama sagte bloß »hmf«, und dann gingen sie wieder nach unten.

Zwei Tage später bekam Jeremy James Halsschmerzen. Keine sehr schlimmen, aber Mama guckte in seinen Hals und meinte, der sei ziemlich rot, und deshalb meldete sie Jeremy James bei Doktor Bassett an.

»Ich bring ihn hin«, sagte Papa. »Mir tut ein bisschen frische Luft ganz gut.«

Doktor Bassett war der größte Mensch der Welt; sogar wenn er saß, sah er aus, als ob er stünde.

»Hallo John, hallo Jeremy James!«, sagte er, als sie in sein Sprechzimmer traten.

Jeremy James musste den Mund aufmachen und der Doktor leuchtete mit einer kleinen Taschenlampe in Jeremy James' Hals.

»So so, mein Junge. Das sieht mir aus wie eine kleine Mandelentzündung. Nichts Schlimmes. Ich verschreibe dir Antibiotika.« Jeremy James wusste nicht genau, was eine Mandelentzündung war, aber er wusste, was er sich von Antibiotika erhoffte.

»Sind das Lakritztabletten?«, fragte er.

»Was?«, fragte Doktor Bassett.

»Antimonika«, sagte Jeremy James.

»Leider nein«, sagte Doktor Bassett. »Das sind Tabletten für deinen entzündeten Hals. Du hast da ein paar Bakterien, gegen die wir etwas unternehmen müssen.«

Jeremy James' Augen wurden größer. »Bakterien?«, rief er.

Doktor Bassett war überrascht. »Weißt du denn, was Bakterien sind?«, fragte er.

»Das sind die kleinen Dinger, die so gerne Zucker mögen«, sagte Jeremy James.

»Kluges Kind!«, sagte Doktor Bassett.

»Aber ich hab gar keinen Zucker gegessen«, sagte Jeremy James, »weil ich nämlich zu Hause keine Süßigkeiten mehr kriege. Bei uns gibt es nur noch Obst und Gemüse und Fisch und Joghurt und Vollkornbrot!«

Doktor Bassett erklärte, dass es überall Bakterien gebe, nicht nur im Zucker. Jeremy James fragte ihn, ob es auch in Gemüselasagne Bakterien gebe.

»Kann durchaus sein«, sagte Doktor Bassett. »Wer weiß, wo sich die kleinen Biester überall verstecken!«

Jeremy James fand das sehr interessant und er hätte gerne noch mehr Fragen gestellt. Aber was dann passierte, war noch viel interessanter. Was dann passierte, war überhaupt das Interessanteste, was in der ganzen süßigkeitenlosen Zeit passiert war.

Doktor Bassett schrieb etwas auf ein Stück Papier, und während er das tat, fragte er Papa, wie es ihm denn so gehe.

»Danke, gut«, sagte Papa. »Nur werde ich in letzter Zeit immer sehr schnell müde.« – »Ich auch«, sagte Doktor Bassett, »mir geht es genauso! Besonders nachmittags. Manchmal nicke ich bei einer Diagnose fast ein. Und weißt du, was ich dagegen tue?«

Papa schüttelte den Kopf. Doktor Bassett zog eine Schublade auf, aus der er mit schwungvoller Handbewegung eine Tafel Schokolade hervorholte! »Ein paar Riegel davon«, sagte er, »und ich kann zehn Rezepte pro Minute schreiben.«

»Schokolade!«, rief Jeremy James.

»Das bringt den Blutzucker auf Trab«, sagte Doktor Bassett. »Hier, nehmt ein Stück!«

Papa und Jeremy James nahmen jeder ein Stück von der angebotenen Schokolade, und als sich ihre Lippen schlossen und ihre Zähne in die köstlichen festen Riegel hineinbissen, breitete sich ein Ausdruck überirdischer Zufriedenheit auf ihren Gesichtern aus.

»Mmmm!«, sagte Papa.

»Mmmm!«, sagte Jeremy James.

»Ganz normale Schokolade«, sagte Doktor Bassett.

»Normal für dich vielleicht«, sagte Papa, »aber ein Fest für uns. Nicht wahr, Jeremy James?«

»Mmmm«, sagte Jeremy James.

An diesem Abend gab es eine lange Diskussion in der Familie. Jeremy James erzählte Mama allerhand über Bakterien, Papa erzählte ihr etwas von Blutzucker, und Mama erzählte Papa und Jeremy James (wieder einmal) etwas über gesunde Ernährung.

»Was wir jetzt brauchen«, sagte Papa, »ist ein Kompromiss.«

»Was wir jetzt brauchen«, sagte Jeremy James, »ist Schokolade!«

Es stellte sich dann heraus, dass Papa mit »Kompromiss« tatsächlich Schokolade meinte. Und Bonbons und Eiskrem und Kuchen. Aber nicht zu viel von allem. Das war das Wichtige. Man durfte alles in kleinen Portionen essen, aber vorher musste Jeremy James immer Mama fragen. Papa brauchte Mama nicht zu fragen, und Mama brauchte überhaupt niemanden zu fragen, weil sie sowieso nichts Süßes aß.

Am nächsten Tag kündigte Mama beim Mittagessen eine Überraschung an. Sie stellte eine Broccoli-Käse-Quiche auf den Tisch.

Jeremy James (dessen Halsweh fast ganz verschwunden war) hatte gehofft, sie würde Hähnchen mit Pommes auftischen, aber Mama machte schon seit einiger Zeit keine Pommes mehr. Ungesund, sagte sie. Die Quiche war nicht schlecht, besonders für jemanden, der seit dem Frühstück nichts mehr zu essen gekriegt hatte, aber etwas ganz Besonderes war sie nun auch wieder nicht.

»Das ganz Besondere«, sagte Mama, »gibt es zum Nachtisch.« Der Nachtisch erwies sich als frischer Obstsalat – mit Eiskrem! Jeremy James genoss seine Portion und den Nachschlag in vollen Zügen, und sogar Mama nahm einen Löffel Eiskrem. »Ich hatte schon fast vergessen, wie gut Eiskrem schmecken kann!«, sagte Mama.

»Ich nicht!«, sagte Jeremy James.

Eine dritte Portion wurde ihm versagt, und später am Nachmittag durfte er auch keine Schokolade essen; das heißt, erst dann, als er Papa Schokolade mampfend in der Küche überrascht hatte. Papa erklärte, dass er sich müde fühle und seinen Blutzucker ein bisschen auf Trab bringen wolle.

»Ich bin auch ziemlich müde!«, sagte Jeremy James. Papa grinste, brach ein Stück Schokolade ab, und so wurden sie gemeinsam ihre Müdigkeit ziemlich schnell wieder los.

(Leicht gekürzt, aus: Jeremy James oder Mit Karacho um die Kurve, © Verlag Friedrich Oetinger, Hamburg 1996)

e) Erzählung: Die Eiskremparty

Ich hielt bei der Dairy Queen an, einem Schnellrestaurant, das für sein Speiseeis bekannt ist, und kaufte mir dort einen Sandwich. Der Raum war überfüllt, doch schließlich fand ich einen Sitzplatz neben einer Familie, die mit einer Eistorte den Fußballerfolg ihres Sohnes feierte. Da nur wenig Raum zwischen den Tischen war, kam ich mir bald vor, als würde ich zu der Familie gehören.

»Deine Mannschaft hat wohl heute Nachmittag gewonnen?«, fragte ich.

Der kleine Bursche lachte und gestand freimütig: »Nein, wir haben zwölf zu eins verloren.«

»Na, dann hast du wohl das einzige Tor geschossen?«, fragte ich weiter.

»Nein, ich habe achtmal vorbeigeschossen, aber dreimal davon habe ich den Rahmen getroffen.«

Der Kleine war in Hochstimmung. Ich begriff es nicht. Sie feierten, weil die Mannschaft das Spiel verloren und der Junge achtmal *nicht* getroffen hatte? Mir verschlägt nichts so leicht die Sprache, doch in diesem Augenblick brachte ich nur einen verwirrten Blick und ein unaufrichtiges Lächeln zustande. Da kam ich einfach nicht mit.

Der Junge schob sich einen weiteren Löffel Eiskrem in den Mund, grinste noch immer von einem Ohr zum anderen und sagte: »Wir haben eine Party, weil ich nämlich noch in der vorigen Woche neunmal daneben geschossen und nicht ein einziges Mal den Rahmen getroffen habe. Papa sagt, es zahlt sich aus, dass ich so viel übe. Ich mache Fortschritte.«

(Rochelle M. Pennington, aus: Alice Gray & Barbara Baumgardner (Hrsg.), Die Nacht der Sternschnuppen und andere Geschichten, die das Herz berühren, Gerth Medien, 2002)

f) Geschichte: Die Bonbons im Briefkasten

Als der Postbote einmal den Briefkasten leerte, fand er zwischen den Briefen ein eingepacktes Sahnebonbon. Der Postbote wunderte sich und dachte an einen dummen Scherz. Aber weil er gerade Lust auf ein Bonbon hatte, wickelte er das Sahnebonbon aus und steckte es in den Mund. Dann vergaß er die Sache.

Am nächsten Tag, als der Postbote den Briefkasten leerte, fand er wieder ein Bonbon zwischen den Briefen. Komisch, dachte der Postbote. Er wickelte das Bonbon aus und ließ es sich schmecken. Am dritten Tag wartete der Postbote schon ein bisschen darauf, dass wieder ein Bonbon im Briefkasten liegen würde. Und wirklich! Diesmal war es ein Schokoladenbonbon. Da freute sich der Postbote, denn Schokoladenbonbons aß er besonders gern. In den folgenden Tagen lag immer, wenn der Postbote den Briefkasten leerte, ein Bonbon zwischen den Briefen. Einmal ein Sahnebonbon, dann ein Himbeerbonbon, ein Zitronenbonbon und ein Malzbonbon. Jetzt wollte der Postbote aber zu gern wissen, wer wohl die Bonbons immer in den Briefkasten warf. Deshalb fuhr er mit dem gelben Postauto, so oft er konnte, an dem Briefkasten vorbei. Wenn er einmal eine Pause hatte, stellte er sich in die Nähe des Briefkastens und beobachtete ihn ganz genau.

Er beobachtete dicke und dünne Leute, Männer und Frauen, die dicke und dünne Briefe in den Briefkasten warfen. Aber dass jemand ein Bonbon in den Briefkasten warf, das beobachtete er nicht. Doch als er dann den Briefkasten leerte, lag wieder ein Bonbon zwischen den Briefen. Diesmal war es ein Erdbeerbonbon.

Der Postbote wurde immer neugieriger. Er schaute immer häufiger nach, wer Briefe in den Briefkasten warf. Aber er hatte kein Glück. Als er den Briefkasten leerte, lag ein Gummibärchen zwischen den Briefen.

Endlich an einem Sonntag erblickte er einen kleinen mongoloiden Jungen. Der Junge kam aus der Tür des Nachbarhauses und ging schnurstracks auf den Briefkasten zu. Er trug keinen Brief in der Hand. Dafür aber einen großen roten Dauerlutscher. Er hob die Briefklappe hoch und warf – eins, zwei, drei – den Dauerlutscher in den Briefschlitz.

»Hallo!«, rief der Postbote und lief zu dem Jungen. »Warum hast du einen Dauerlutscher dort hineingeworfen?«, fragte er und zeigte auf den Briefkasten.

Der kleine Junge schaute ihn mit großen Augen freundlich an und sagte: »Vielleicht bekomme ich auch einmal einen Brief, wenn ich ihn ordentlich füttere!«

Zuerst musste der Postbote lachen. Aber dann fragte er ernsthaft nach dem Namen des Jungen. Der wusste sogar seine vollständige Adresse, Straße und Hausnummer. »Ich werde mich darum kümmern!«, sagte der Postbote und winkte dem Jungen freundlich zu.

Am Abend schrieb er einen Brief an den Jungen. Er malte sogar ein Bild dazu, weil es sein konnte, dass der Junge seinen Brief gar nicht lesen konnte. Und als er den Jungen am nächsten Tag wieder sah, sagte er freundlich zu ihm: »Du brauchst den Briefkasten nicht mehr zu füttern. Ich glaube, dass du bald Post bekommst. Vielleicht schon heute!« Dann holte er aus seiner Hosentasche ein Päckchen Gummibärchen heraus und schenkte es dem Jungen.

An diesem Tag war der Postbote ganz besonders gut gelaunt.

(Aus: Rolf Krenzer, Rolf Krenzers großes Geschichtenbuch für die ganze Familie, © Verlag Herder, Freiburg 1994)

g) Geschichte: Der Pfirsich und die Sängerin

Die australische Primadonna Nellie Melba war am Ende des 19. Jahrhunderts ein weltberühmter Opernstar. Ihr Biograf Percy Colson schreibt: »Die Vermutung, sie sei die vollkommene Primadonna, hat sich bestätigt: Die Geschichte hat das letzte Wort gesprochen.« Gounod, Verdi, Leoncavallo, Puccini und Caruso, mit dem sie oft gesungen hat, lagen ihr zu Füßen. Musikkritiker sprachen von »einem Wunder«, von »der Lerche, die sich mit der Nachtigall vermählte«. Einer wollte sich allein mit dem Geld begnügen, welches die Blumen für die Melba gekostet haben.

Sie sang im Londoner Covent Garden, in der Metropolitan New York, in der Mailänder Scala, in Berlin, St. Petersburg, Sydney (wo sie die Traumgage von 11 750 Dollar für einen Abend erhielt). Sachverständige Zeitzeugen berichten, ihr Koloratursopran habe zweieinhalb Oktaven umfasst.

1892 wurde ihr zu Ehren im Londoner Savoy-Hotel ein Empfang gegeben. Der Chefkoch, »König der Köche«, Monsieur George Auguste Escoffier, hatte sie als Elsa im Lohengrin gesehen. Begeistert erfand er eine neue Süßspeise für sie: In Vanille-Eis, auf ein Eiskissen gebettet und mit Himbeermark und Mandelsplittern verfeinert, servierte er in einer silbernen Schüssel einen Pfirsich. »Das Gericht hat noch keinen Namen – darf ich es nach Ihnen, Madame, benennen?« Die Melba gab gnädig ihre Zustimmung. Pêche Melba, Pfirsich-Melba, war geboren. Mit Escoffiers köstlichem

Dessert ging es wie mit dem Stein, den man ins Wasser wirft: Es bildeten sich schnell große Kreise. In allen Feinschmeckerlokalen galt es schon bald als chic, Pfirsich-Melba anzubieten. Bis heute ist das Rezept (von Escoffier später in seinem Guide Culinaire ausführlich beschrieben) in jedem guten Kochbuch zu finden.

Nellie Melba berichtet in ihrer Autobiografie von einer beeindruckenden Begegnung. Viele Jahre nach dem glücklichen Londoner Auftritt traf sie in den Gärten von Monaco einen zarten, schwarz gekleideten Greis, mit einem feinen Gesicht und einem gepflegten Ziegenbärtchen. Sie erkennt in ihm Monsieur Escoffier wieder. Er ist ganz aufgelöst, hat Tränen in den Augen: »Stellen Sie sich nur vor, Madame, eine Zeitung hat meine Pfirsich-Melba einem anderen Koch zugeschrieben.«

Die Melba hat darauf ihrem Freund Hazelton-Cochrane, der Zeuge dieses Zusammentreffens war, geraten: »Lassen Sie sich von ihm ein Autogramm geben: Er ist für die Kunst der grande cuisine dasselbe wie ich für die Kunst des belcanto.« Und dann hat sie etwas bitter hinzugesetzt: »Wenn meine Stimme verklungen sein wird, dürfte man sich noch immer seiner göttlichen Süßspeise erfreuen.«

(Aus: Roger Rössing, Wie der Hering zu Bismarcks Namen kam. Unbekannte Geschichten zu bekannten Begriffen, Komet Verlag GmbH, Köln)

h) Gedicht: Vom Schlaraffenland

Kommt, wir wollen uns begeben
Jetzo ins Schlaraffenland!
Seht, da ist ein lustig Leben
Und das Trauern unbekannt!
Seht, da lässt sich billig zechen
Und umsonst recht lustig sein.
Milch und Honig fließt in Bächen,
Aus den Felsen quillt der Wein!

Alle Speisen gut geraten,
Und das Finden fällt nicht schwer.
Gans' und Enten gehn gebraten
Überall im Land umher.
Mit dem Messer auf dem Rücken
Läuft gebraten jedes Schwein.
O wie ist es zum Entzücken!
Ei, wer möchte dort nicht sein!

Und von Kuchen, Butterwecken
Sind die Zweige voll und schwer;
Feigen wachsen in den Hecken,
Ananas im Busch umher.
Keiner darf sich müh'n und bücken,
Alles stellt von selbst sich ein.
O wie ist es zum Entzücken!
Ei, wer möchte dort nicht sein!

Und die Straßen allerorten,
Jeder Weg und jede Bahn
Sind gebaut aus Zuckertorten
Und Bonbons und Marzipan.
Und von Brezeln sind die Brücken
Aufgeführt gar hübsch und fein.
O wie ist es zum Entzücken!
Ei, wer möchte dort nicht sein!

Ja, das mag ein schönes Leben
Und ein herrlich Ländchen sein!
Mancher hat sich hinbegeben,
Aber keiner kam hinein.
Ja, und habt ihr keine Flügel,
Nie gelangt ihr bis ans Tor,
Denn es liegt ein breiter Hügel
Ganz von Pflaumenmus davor.

(August Heinrich Hoffmann von Fallersleben 1798-1874)

i) Kurioses und Heiteres

Honig dient nicht nur als Süßstoff, sondern auch als Nahrungsmittel. In Afrika nahmen die Krieger der Massai auf ihren langen Streifzügen nur Honig mit zum Essen.

(Paczensky/Dünnebier, Kulturgeschichte des Essens und Trinkens)

Der erste fabrikmäßig hergestellte Würfelzucker wurde 1844 in einer Raffinerie in Mähren produziert.

(Paczensky/Dünnebier, Kulturgeschichte des Essens und Trinkens)

»Reiche Leute – besonders die Höfe – liebten es, durch Zurschaustellung möglichst eindrucksvoller Skulpturen aus Zuckermasse, vermischt mit Mandelöl und verschiedenen Gummiharzen und dadurch besser formbar, ihren Reichtum und (angeblich) guten Geschmack zu zeigen. Dafür sind besonders drastische Beispiele auch aus dem Nahen Osten überliefert.« So etwa der Kalif al-Zahir, »der im 11. Jahrhundert zu den islamischen Feiertagen große Zuckerskulpturen anfertigen ließ und 157 Figuren sowie sieben Palastmodelle in Tischgröße zur Schau stellte, ungerührt von Hungersnot, Pest und Inflation in seinem Lande, und zum Abschluss des Ramadan für seine Festtafel, zu der das Volk geladen war, 73 000 Kilo Zucker verbrauchte – neben anderen Schaustücken stand auf der Tafel auch ein riesiger Baum aus Zucker. Später ließ ein Kalif eine Moschee aus Zucker bauen – sie wurde am Ende der Feiern von dafür eingeladenen Bettlern aufgegessen. Europäische Fürstlichkeiten bemühten sich bis in die Renaissancezeit hinein, ähnlich eindrucksvolle Dekorationen vorzuführen.«

(Paczensky/Dünnebier, Kulturgeschichte des Essens und Trinkens)

Die Entstehung des Lebkuchens: »Das Wort ›leb‹ stammt aus dem Althochdeutschen und bedeutet ›Heil- und Arzneimittel‹. In den Klöstern hatte man Jahrhunderte hindurch besondere Gärten für

Arzneimittel angelegt und die hier gezüchteten Pflanzen oder die daraus gewonnenen Säfte wurden als Medizin bereitet und waren sehr begehrt. Aber im Gegensatz zu heute stellte man daraus keine Tabletten her, sondern die Heilkräuter und Heilsäfte wurden zu kleinem Gebäck verarbeitet. Da begann man für die Weihnachtszeit aus den besonders wohl schmeckenden Kräutern und Säften ein solches Heilgebäck, das heißt eben Lebkuchen, herzustellen. Diese Lebkuchen wurden zu Weihnachten in den Klöstern verteilt, und gar manches Mal wurde darüber gepredigt, dass diese dem Leibe Wohlbehagen und Gesundheit schenkenden Küchlein eindringlich machen sollten, dass das Weihnachtsgeschehen der ganzen Welt Gesundheit schenken solle.«

(Otto Schlißke, Apfel, Nuss und Mandelkern, Schriftenmissions-Verlag Neukirchen-Vluyn, 1986)

Schokolade ist gesund. Wissenschaftler aus Japan und den USA haben festgestellt, dass das süße Naschwerk mehr Schutzstoffe, so genannte Polyphenole, enthält als etwa grüner Tee oder Rotwein. Damit schützt Schokolade vor Magengeschwüren, Stress, Arterienverkalkung und Allergien. Einzige Bedingung: Die Schokolade muss dunkel sein und mehr als 70 Prozent Kakao enthalten.

(Sonntag Aktuell, 31. 3. 2002)

Außerdem enthält Schokolade viel Kalium, Magnesium und Vitamin A. Schokolade ist ein Energiespender und enthält ein natürliches Antidepressivum, das Theobromin, und ist deshalb auch ein ausgezeichnetes Mittel bei schlechter Laune.

(Chantal Coady, Schokolade, Benedikt Taschen Verlag 1998)

Witze:

»Fips, kannst du mir sagen, wo die Marmelade ist?«, ruft die Mutter aus der Küche. »Klar doch!«, meint Fips: »Auf der Türklinke, auf dem Teppich, auf den Klaviertasten ...«

Die Lehrerin zu Andi: »Was isst du denn da schon wieder? Du weißt doch, dass man im Unterricht nicht essen darf!« Erwidert Andi: »Ist doch nur Kaugummi.« – »Trotzdem! Wirf ihn sofort in den Papierkorb!« – »Das geht nicht.« – »Wieso?« – »Den hat mir doch der Jörg geliehen!«

Der kleine Wolfi soll zum Lernen angehalten werden. Seine Mutter macht ihm daher einen Vorschlag: »Was hältst du davon: Für jede Eins, die du schaffst, bekommst du von mir fünf Lutscher!« Aber Wolfi ist skeptisch. »Ich glaube, das ist übertrieben. Vielleicht sollten wir lieber klein anfangen. Wie wär's zum Beispiel mit einem Lutscher für jede Fünf?«

(Alle Witze aus: Sonja Hartl (Hrsg.), Witze-Wirbel, Arena Verlag, Würzburg 1995)

5. Unterhaltsames

a) Sketch: Die Geburtstagstorte

Zeitdauer: 5 Minuten.

2 Personen: Lehrling, Meister.

Raumgestaltung und Requisiten: In dem Raum steht ein Tisch, auf dem einiges Backzubehör ausgebreitet ist, wie z.B. eine Backschüssel, ein Rührgerät, Kochlöffel, Mehl, Zucker usw. Außerdem noch eine Geburtstagstorte, an der noch die letzten Garnierungen vorgenommen werden müssen. (Die Torte kann aus Pappe, Krepppapier und Ähnlichem gebastelt werden.)

Hinter dem Tisch sollte eine Abgrenzung sein, die deutlich

macht, dass dahinter ein anderer Raum beginnt. (Die Abgrenzung kann z.B. gut durch 2 oder 3 Stühle dargestellt werden. Die Stühle stehen mit den Seiten der Sitzflächen aneinander. Zwischen 2 Stühlen ist ein Abstand von etwa 50 cm, der die Türöffnung darstellen soll.)

Durch diese Art der Abgrenzung wird dem Zuschauer klar, dass sich der Sketch in 2 Räumen abspielt, und er hat gleichzeitig die Möglichkeit, das Geschehen in beiden Räumen zu beobachten. Im zweiten Raum wird durch 2 aneinander gestellte Tische eine Verkaufstheke dargestellt.

Kostüme: Der *Lehrling* trägt über seiner Kleidung eine Schürze (möglichst einen weißen Kittel). Auf dem Kopf trägt er eine Bäckermütze. Der *Meister* hat ebenfalls eine weiße Schürze vor den Bauch gebunden.

Spielhinweise: Damit den Zuschauern von Anfang an klar ist, wer bei diesem Sketch mitspielt und *wo* er sich abspielt, sollten die beiden Mitspieler vor Spielbeginn kurz erklären, dass sie sich in einer Bäckerei befinden. Außerdem sollten sie sich selbst kurz vorstellen.

Spielverlauf:

(Der Meister steht hinter der Verkaufstheke, der Lehrling arbeitet im Nebenraum an der Geburtstagstorte. Rücken nicht den Zuschauern zuwenden!)

Meister: *(ruft herüber)* Ist die Geburtstagstorte bald fertig, Egon? Frau Schlammelmeier hat eben angerufen. Sie will die Torte in einer halben Stunde abholen.

Lehrling: *(kommt mit mehlverschmiertem Gesicht an die Tür)* Ja, Meister. Ich muss die Torte nur noch ein bisschen verzieren.

Meister: Zeig die Torte mal her.

Lehrling: *(geht zum Tisch und bringt sie vorsichtig in den anderen Raum)*

Meister: *(betrachtet sie von allen Seiten)* Die sieht wirklich gut aus! Bravo! Da wird Frau Schlammelmeier ja zufrieden sein! Wirklich ein gutes Lehrlingsstück, Egon!

Lehrling: *(grinst breit von einem Ohr zum anderen)* Danke, Meister.

Meister: Na, dann mach mal weiter.

Lehrling: *(geht zurück; auf halbem Weg ruft ihm der Meister noch zu)*

Meister: Ach, das hätte ich ja beinahe vergessen. Schreib zum Schluss noch »Herzlichen Glückwunsch« auf die Torte. Das hat Frau Schlammelmeier sich ausdrücklich gewünscht.

Lehrling: Wird gemacht, Meister. *(Setzt die Torte wieder auf dem Tisch ab; macht sich an die Arbeit; diesmal aber mit dem Rücken zum Publikum; man hört ihn werkeln ...; nach einer Weile ist es ganz still.)*

Meister: *(ruft wieder hinüber)* Egon, Frau Schlammelmeier wird gleich da sein. Bring mir doch bitte die Geburtstagstorte.

Lehrling: *(kommt mit den Händen auf dem Rücken in den anderen Raum; die Hände hält er so, dass auch die Zuschauer sie nicht sehen; macht ein ganz geknicktes und bekümmertes Gesicht)*

Meister: Was ist denn los, Egon?

Lehrling: *(stapft verlegen von einem Fuß auf den anderen; hat ein deutlich schlechtes Gewissen)* Oooch ...

Meister: Was hast du denn auf einmal? Was machst du denn für ein Gesicht?

Lehrling: *(nimmt die Hände hinter dem Rücken hervor; hält eine runde, platte Pappscheibe)*

Meister: *(starrt verständnislos darauf)* Was ist das denn?

Lehrling: *(stottert verlegen)* Die – die Torte hat nicht in die Schreibmaschine gepasst.

(Aus: Ursula Lietz/Ulrike Lange, Lustige Sketche, Falken Verlag 1983)

b) Bewegungslied

Christian Labusen

Aus dem »Kanonbüchlein« von Chr. Labusen, Bärenreiter-Verlag, Kassel und Basel — *Kindervers aus dem Rheinland*

Meine	– Mit der rechten Handfläche auf sich selbst zeigen.
Mu	– In die Hände klatschen (soll eine »Bitte« darstellen).
meine	– Mit der linken Handfläche auf sich selbst zeigen.
Mu,	– In die Hände klatschen.
meine	– Mit der rechten Handfläche auf sich selbst zeigen.
Mutter	– In die Hände klatschen.
schickt mich	– Mit der linken Handfläche auf sich selbst zeigen.
her	– Beide Zeigefinger zeigen zu Boden, sie bekräftigen das Wort »her«.
ob der Ku ob der Ku ob der Kuchen	– Dreimal mit beiden Händen etwa die Form eines »Gugelhupfs« in der Luft beschreiben (auf die Silbe »Ku«).
fertig wär?	– Hände auf Brusthöhe, die Handflächen sind nach oben geöffnet, als ob man den fertigen Kuchen auf den Händen trägt.
Wenn er no	– Beginnend auf der Silbe »no« und dann insgesamt viermal:

wenn er no	–	Schultern heben und senken (Achselzucken), dabei auch
wenn er noch	–	die Hände mitbewegen, die Handflächen zeigen dabei zur Decke,
nicht fertig wär,	–	die Bewegung drückt Frage und Ratlosigkeit aus. Das Ganze dient auch zum Lockern im Schulterbereich.
käm ich mo	–	Daumen der rechten Hand zeigt über die rechte Schulter nach hinten.
käm ich mo	–	Daumen der linken Hand zeigt über die linke Schulter nach hinten.
käm ich morgen	–	Daumen der rechten Hand zeigt über die rechte Schulter nach hinten.
wieder her.	–	Beide Zeigefinger zeigen zu Boden und bekräftigen das Wort »her«.

Bewegungen: Vera Kern, Oberjettingen

c) Ein süßes Rätsel

Besonders viel Spaß macht dieses Rätsel, wenn es für die richtige Antwort die entsprechende Schokolade oder Süßigkeit als Belohnung gibt.

1) Gymnastische Übungen eines Burgherrn
   Rittersport

2) Elastisches Raubtierbaby
   Gummibärchen

3) Körperteil eines Haustieres
   Katzenzunge

4) Teil einer Dusche
   Brause

5) Geschosse eines Musikers
   Mozartkugeln

6) Mit Kuhprodukten übersäte englische Straße
   Milky Way

7) Unverhofftes Tierprodukt
   Überraschungsei

8) Turnübung eines Adligen
   Prinzenrolle

9) Farbige Arbeitsunterbrechung
   Lila Pause

10) Name einer gefährlichen, giftigen Schlange
   Mamba

11) Ansammlung von Kleinautos der gehobenen Klasse
   Smarties

12) Englischer Name eines Zoobewohners
   Lion

13) Aufforderung zum doppelten Diebstahl
   Nimm zwei

14) Name eines rötlich schimmernden Planeten
   Mars

15) Dehnbare Bewegungen eines Gesichtsmuskels
   Kaugummi

16) Edelmetall in der Mundhöhle
   Rachengold

17) Englische Anrede eines ungläubigen Jüngers
   Mr. Tom

18) Name eines Schiffes, auf dem eine Meuterei stattfand
   Bounty

19) Große Bausteine für kleine Kinder
Duplo

20) So redet eine französische Frau ihren Geliebten an
Mon Chérie

21) Exkremente eines Raubtieres
Bärendreck

22) Bewohner einer italienischen Stadt
Florentiner oder Neapolitaner

23) Musikinstrument
Banjo

24) Stäbchenspiel mit japanischem Namen
Mikado

25) Antwort eines Engländers auf die Frage: Hat Ihnen dieses Rätsel gefallen?
Yes

d) Weitere Spielideen

Fühl- oder Geschmackstest: 3 bis 5 Frauen werden nach vorn gebeten. Ihnen werden die Augen verbunden. Dann bekommen sie verschiedene Süßigkeiten vorgelegt, die sie an Form und Geruch erkennen sollen.

Oder die Frauen bekommen verschiedene Süßigkeiten zum Probieren. Die Süßigkeiten sollten aber möglichst ähnlich sein, damit der Test nicht zu leicht wird (z.B. je verschiedene Schokoladensorten, Bonbons oder Riegel).

Süßes Alphabet: In kleinen Gruppen von 2 bis 4 Frauen muss für jeden Buchstaben des Alphabets eine Süßigkeit/Süßspeise gefunden werden, die mit diesem Buchstaben anfängt. Dabei können auch die Markennamen wie Milka oder Lindt verwendet werden. Als Preis: »Russisch Brot«

Lieblingsspeise: Jede Frau bringt ihre Lieblingsschleckerei mit, die an dem Abend in kleinen Stücken von allen probiert wird, und erzählt, warum ihr gerade diese Süßigkeit so gut schmeckt.

e) Preise

Alle Arten von Süßigkeiten in Miniportionen

6. Gestaltungsideen

Für jede Frau wird zum Mitgeben ein kleines Kärtchen aus gelbem Karton gemacht, auf dem der Spruch aus Psalm 119,103 (»Dein Wort ist meinem Munde süßer als Honig«) und vielleicht noch ein nettes Bienenbildchen gedruckt ist. Dazu wird ein Honigbonbon oder eine kleine Portionspackung Honig geklebt.

7. Vorschlag für den Stundenablauf

1. Begrüßung und Vorstellung des Themas
2. Allerlei Wissenswertes zum Thema Süßigkeiten und Zucker (s. 4b)
3. Was fällt uns alles zum Thema »Süßigkeiten« ein (Assoziationen, Redewendungen, Sprichwörter, Namen von Produkten und Hersteller)? In Gruppen werden Stichworte gesammelt und aufgeschrieben. Anschließend wird ausgetauscht. Zeit für die Gruppenarbeit: 5 Minuten.

   Um das Ganze etwas interessanter zu machen, darf bei der Stichwortsammlung das Wort »süß« nicht auftauchen, und die Süßigkeiten, die zur Dekoration auf dem Tisch liegen, dürfen auch nicht genannt werden.
4. Allerlei Wissenswertes zum Thema Schokolade (s. 4c)

5. Bewegungslied: Meine Mu, meine Mu, meine Mutter schickt mich her (s. 5b)
6. Lebensbild von Helen Cadbury (reichen Sie dazu eine Tafel Cadbury-Schokolade herum, die während der Erzählung gegessen werden darf)
7. Süßigkeiten-Rätsel (s. 5c)
8. Kanon: Alle gute Gabe kommt her von Gott, dem Herrn
9. Austausch: Was für Süßigkeiten wurden früher gegessen?
10. Geschichte von Jeremy James (s. 4d)
11. Lied: EG Regionalteil W 619: Du bist der Weg und die Wahrheit und das Leben
12. Andacht, Gebet und Verteilkärtchen
13. Lied: EG Regionalteil BT 572; Ö 571; RWL 607; W 565: Herr, wir bitten: Komm und segne uns

8. Literatur und Adressen

Internet:

Die umfassendsten Informationen zum Thema »Süßigkeiten« sind auf der Homepage der Deutschen Süßwarenindustrie zu finden: www.suesswarenverband.de. Dort finden sich weitere Linklisten und Buchempfehlungen. Viele interessante Infos sind auch auf den Homepages der einzelnen Süßwarenhersteller zu finden.

Literatur:

Gert von Paczensky/Anna Dünnebier, Kulturgeschichte des Essens und Trinkens, btb Taschenbuch, Goldmann 1997
Es gibt sehr viele Bücher über »Schokolade«

Museumsadressen:

- Imhoff-Stollwerck-Museum, Köln (www.schokoladenmuseum.de)

- Sprengel Museum, Hannover (www.sprengel-museum.de)
- SchokoMuseum im SchokoLand, Peine
- Zuckermuseum, Berlin (www.dtmb.de/Zucker-Museum)

(Auch die Internetseiten dieser Museen bieten viele Informationen.)

Gereimte Erinnerungen – das Poesiealbum

1. Das Thema

Jede Frau kennt es. Fast jede Frau hat oder hatte es: Das Poesiealbum. Seit vielen Jahrhunderten spielt es eine wichtige Rolle in unserem Leben. Und doch: Kaum jemand hat darüber nachgedacht.

Unzählige Verse fürs Poesiealbum existieren, viele davon werden seit Jahrzehnten unverändert weitergegeben. Manches Schulkind schreibt heute seiner Freundin oder seinem Freund die gleichen Worte ins Album wie schon die Großmutter oder die Urgroßmutter. Deshalb ist es eigentlich erstaunlich, dass zu dem Phänomen »Poesiealbum« nur wenige Bücher mit grundsätzlichen Informationen zu finden sind.

Mit dem Schmökern im Poesiealbum versetzen wir uns in Gedanken in die Kindheit und Schulzeit und viele Erinnerungen an früher werden wach. Gleichzeitig lädt das Thema ein, sich Gedanken über Freundschaft und zwischenmenschliche Beziehungen zu machen. Mit der Einladung verbinden wir die Bitte, eigene noch vorhandene Poesie-Alben mitzubringen.

2. Assoziationen

a) Stichworte und Redewendungen

Stichworte:

Stammbuch, Erinnerungsalbum, Freundschaftsbuch, Gedenkbuch, Sprüche, Gedichte, Lack- oder Oblatenbilder, Freundin, Schulfreundin, Jugendfreundin

Worte und Redewendungen:

- Sich etwas ins Stammbuch schreiben.
- Ins große Stammbuch der Natur schreiben. (Heinrich Heine, Das Hohelied: »Des Weibes Leib ist ein Gedicht, das Gott der Herr geschrieben/ins große Stammbuch der Natur, als ihn der Geist getrieben.«)
- »Poesie ist die Muttersprache des menschlichen Geschlechts.« (Johann Georg Hamann, 1730-1788, Philosoph und Schriftsteller)
- Nicht alles, was in Reimen gesagt wird, ist Poesie. (Sprichwort)

Weitere Assoziationen:

- Freundschaftsbändchen
- 5-Freunde-Bücher von Enid Blyton
- »Kleine Geschenke erhalten die Freundschaft.«
- Freunde in der Not gehen hundert/tausend auf ein Lot.
- »11 Freunde müsst ihr sein!« (Sepp Herberger im Blick auf eine Fußballmannschaft)
- »Wem der große Wurf gelungen, eines Freundes Freund zu sein ...« (Aus: An die Freude, von Friedrich Schiller)
- Fernsehsendungen: In aller Freundschaft; Girlfriends usw.

b) Worte aus der Bibel

Freundschaft:

Freunde und Freundschaften werden in der Bibel immer wieder erwähnt. Die bekanntesten Freundschaften im AT:

- David und Jonathan, die einander herzlich lieb hatten (1. Samuel 18,3; 2. Samuel 1,26).
- Hiob und seine drei Freunde, die miteinander um die Deutung des von Hiob erlittenen Unglücks ringen.
- Daniel und seine drei Freunde am babylonischen Hof (Daniel 1 ff).

Im NT schickt u.a. der Hauptmann von Kapernaum seine Freunde zu Jesus (Lukas 7,6), Jesus redet seine Jünger mit »Freunde« an (Johannes 15,14f), in den Gleichnissen vom verlorenen Schaf und Groschen werden Freunde herbeigerufen, um sich mitzufreuen (Lukas 15,1-10), Jesus erzählt das Gleichnis vom bittenden Freund (Lukas 11,5-13), Kornelius ruft seine Freunde zusammen (Apostelgeschichte 10,24), Freunde von Paulus werden erwähnt (Apostelgeschichte 27,3).

Freundschaften spielen in der Bibel also eine wichtige Rolle, und es werden einige wichtige Aussagen zum Wesen der Freundschaft gemacht:

- Manche Freunde sind verlässlicher als Brüder. (Sprüche 18,24)
- »Ein Freund liebt allezeit.« (Sprüche 17,17)
- »Süß ist ein Freund, der wohlgemeinten Rat gibt.« (Sprüche 27,9)
- »Wer Verfehlung zudeckt, stiftet Freundschaft; wer aber eine Sache aufrührt, der macht Freunde uneins.« (Sprüche 17,9)
- Verleumder können Freunde auseinander bringen. (Sprüche 16,28)
- Reiche haben viele Freunde. (Sprüche 14,20)
- Freunde können sich auch gegen einen wenden. (Psalm 41,10; 55,13-14)
- Von einem Freund sollte man sich nicht zum Abfall von Gott bewegen lassen. (5. Mose 13,7ff)
- In Verfolgungszeiten kann man auch von Freunden verraten werden. (Lukas 21,16)

Die wichtigste Freundschaft, die in der Bibel beschrieben wird, ist die zwischen Gott und Menschen. So wird Abraham ein Freund Gottes genannt (Jakobus 2,23; ähnlich wie Mose in 2. Mose 33,11). Auch in den Psalmen wird von Gottes Freunden geredet (z.B. Psalm 108,7; 127,2).

Jesus ist ein Freund der Zöllner und Sünder (Lukas 7,34), er redet Judas bei der Gefangennahme mit »Freund« an (Matthäus 26,50). Jesus lässt aus Liebe sein Leben für seine Freunde (vgl. Johannes 15,13). In Johannes 11,11 bezeichnet Jesus Lazarus als

»Freund«. Und auch das gibt es: Pilatus und Herodes werden in Folge des Prozesses um Jesus Freunde (Lukas 23,12).

Weitere Stelle: Jakobus 4,4: Freundschaft mit der Welt ist Feindschaft mit Gott.

»Vergiss mich nicht«

5. Mose 4,23: Vergesst den Bund nicht, den Gott mit euch geschlossen hat.

5. Mose 6,6ff: »Und diese Worte, die ich dir heute gebiete, sollst du zu Herzen nehmen ... Und du sollst sie binden zum Zeichen auf deine Hand, und sie sollen dir ein Merkzeichen zwischen deinen Augen sein, und du sollst sie schreiben auf die Pfosten deines Hauses und an die Tore« (vgl. Sprüche 3,3b).

Immer wieder hat Israel Gott vergessen (z.B. 5. Mose 32,18; Richter 3,7).

Hiob 19,14: »... meine Freunde haben mich vergessen.«

Psalm 103,2: »Lobe den Herrn, meine Seele, und vergiss nicht, was er dir Gutes getan hat.«

Psalm 119,16: »Ich ... vergesse deine Worte nicht« (V. 61+83+93).

Sprüche 3,1: »Mein Sohn, vergiss meine Weisung nicht ...«

Vergänglichkeit der Zeit:

5. Mose 32,7: »Gedenke der vorigen Zeiten ...«

Psalm 31,16: »Meine Zeit steht in deinen Händen.«

Psalm 77,6: »Ich gedenke der alten Zeit, der vergangenen Jahre« (vgl. Psalm 143,5).

Erinnerung:

2. Mose 17,14: »Und der Herr sprach zu Mose: Schreibe dies zum Gedächtnis in ein Buch ...« (vgl. Psalm 102,19).

5. Mose 31,9ff: Alle 7 Jahre soll das Gesetz beim Laubhüttenfest vorgelesen werden.

Jesaja 49,16: »Siehe, in die Hände habe ich dich gezeichnet ...«

Jeremia 31,33: »... Ich will mein Gesetz in ihr Herz geben und in ihren Sinn schreiben ...« (vgl. Hebräer 8,10).

c) Lieder

Lieder, die das Thema »Poesiealbum« direkt aufnehmen, gibt es wohl nicht. Ich habe wenigstens keines gefunden. Allerdings gibt es viele passende Lieder, die die »Unterthemen« des Poesiealbums aufgreifen: Freundschaft, das Sich-Erinnern und Nicht-Vergessen, das Vergehen der Zeit, die Schulzeit.

Freundschaft:

EG 37: Ich steh an deiner Krippen hier ..., V. 5: »Ich bin dein Freund ...«
EG 42: Dies ist der Tag, den Gott gemacht ..., V. 6: ... wirst unser Freund und Bruder
EG 209: Ich möcht', dass einer mit mir geht
EG 251: Herz und Herz vereint zusammen ..., V. 3: So hat uns der Freund geliebet ..., V. 5: Ach du holder Freund
EG 334: Danke für diesen guten Morgen ..., V. 2: Danke für alle guten Freunde
EG 351: Ist Gott für mich, so trete ..., V. 1: Hab ich das Haupt zum Freunde
EG 443: Aus meines Herzens Grunde ..., V. 4: ... mein Freunde und Bekannten
EG Regionalteil W 642: Welch ein Freund ist unser Jesus
EG Regionalteil BEL, P 660; W 653: So viel Freude hast du, Gott ..., V. 3: Freunde auch, uns beizustehen
EG Regionalteil BEL, P 612; BT, W 657; HN, KW 639; M 541; NB, OL 619, Ö 644; R, RWL 674: Damit aus Fremden Freunde werden

Du brauchst einen Freund, dem du vertrauen kannst (Mundorgel 114)
Freunde, euch gilt dieses Lied (von Jürgen Werth, s. 4f)

Wenn einer sagt: Ich mag dich, du (Liederbuch für die Jugend 624)

Wahre Freundschaft soll nicht wanken
Ein Freund, ein guter Freund (Heinz Rühmann)
Du brauchst doch immer wieder einen Freund (Freddy Quinn)
Freunde (Herbert Grönemeyer)
Freunde (Pur)
Gute Nacht, Freunde (Reinhard Mey)
Weil wir Freunde sind (Wildecker Herzbuben)

»Vergiss nicht!«

EG 221: Das sollt ihr, Jesu Jünger, nie vergessen
EG Regionalteil BEL, P 618; BT 602; Ö 617; R, RWL 644; W 608: Vergiss nicht zu danken dem ewigen Herrn

Vergiss es nie: Dass du lebst, war keine eigene Idee (Die Fontäne in Blau 346)

All' mein Gedanken, die ich hab, die sind bei dir

Vergänglichkeit der Zeit:

EG Regionalteil BEL, P 644; W 628: Meine Zeit steht in deinen Händen

Lang, lang ist's her

Schule/Schulzeit:

Herr, wir wissen, dass du lebst ..., V. 2: ... in der Schule, im Beruf willst du bei uns sein (JN IV 1071)

In einem Dorf im Schwabenland (Das arme Dorfschulmeisterlein, Mundorgel 236)
Alte Schule, altes Haus (Rolf Zuckowski)

Erinnerungsbuch:

EG 11: Wie soll ich dich empfangen ..., V. 6: Das schreib dir in dein Herze
EG 207: Nun schreib ins Buch des Lebens, Herr, ihre Namen ein
EG 329: Bis hierher hat mich Gott gebracht ..., V. 2: In mein Gedächtnis schreib ich an: Der Herr hat Großes mir getan

3. Andacht und Gebet

»Ein Freund, ein guter Freund, das ist das Schönste was es gibt auf der Welt.« Sicher kennen Sie alle dieses bekannte Lied von Heinz Rühmann. Er hat es zusammen mit Willy Fritsch und Oskar Karlweiss in dem Film »Die 3 von der Tankstelle« gesungen.

»Ein Freund, ein guter Freund, das ist das Schönste was es gibt auf der Welt.« Freundschaft ist wichtig für uns, sehr wichtig. Niemand kann auf Dauer allein leben. Wir brauchen einander. Wir brauchen andere Menschen zum glücklichen und erfüllten Leben. Menschen, die wir verstehen und die uns verstehen. Wir brauchen Freunde. Freunde, bei denen wir ganz ungeschützt reden dürfen. Denen wir nichts vorzumachen brauchen. Denen man auch sein Innerstes offenbaren kann. Freunde zum Weinen und zum Lachen, zum Reden und zum Schweigen. Wir brauchen Freunde, um nicht allein zu sein. Freunde geben Geborgenheit und Wärme, geben uns das Gefühl des Angenommenseins. Bringen uns auf neue Wege und auf neue Gedanken.

Um Freundschaften geht es auch in den Poesiealben. Schulkinder geben sie an ihre Freunde weiter, und die schreiben ein Andenken hinein. »Zur Erinnerung an Deine Schulfreundin« wird da etwa unterschrieben. Und ab und zu ist mit dem Verteilen des Poesiealbums auch ein bisschen ein Konkurrenzkampf verbunden. Wer bekommt das Album als Erster? Wer ist die beste Freundin? Deshalb schreibt sich mancher gleich mit einem passenden Vers auf die letzte Seite:

»Ich schreibe Dir aufs letzte Blatt,
was seinen guten Grund wohl hat.
Denn wer Dich lieber hat als ich,
der schreibe sich nur hinter mich.«

Poesiealben gibt es schon sehr lange. Der Wunsch, Erinnerungen an die Freundschaften der Jugend festzuhalten, ist alt. Schon vor über 400 Jahren gab es solche »Freundschaftsbücher« (liber amicorum), die von Studenten geführt wurden. Freunde, Gönner, Professoren wurden um Einträge gebeten. Diese Alben wurden auch »Erinnerungsbücher« (liber memoralis) genannt. Auch heute sind Poesiealben »Erinnerungsbücher«. Wer sein Poesiealbum weitergibt, der möchte die Mitschülerin, die Freundin nicht vergessen. Wer selbst ins Poesiealbum hineinschreibt, der möchte nicht vergessen werden.

»Ins Album schrieb ich gern hinein,
weil ich nicht will vergessen sein.«

So heißt ein Albumvers. Oder ein anderer:

»Was soll ich Dir ins Album schreiben,
ein Verslein oder ein Gedicht?
Ich denk' ich lasse beides bleiben
und schreibe nur ›Vergiss mein nicht‹.«

»Vergiss mich nicht« – das ist die Überschrift über alle Poesiealben. Das ist das eigentliche Thema dieser Tradition. Offensichtlich sind wir Menschen sehr anfällig fürs Vergessen. Sonst würde es nicht so viele Albumverse dazu geben. Sonst wäre es nicht nötig, ein Album zum Erinnern, ein Album gegen das Vergessen anzulegen.

Zur Zeit der Bibel gab es noch keine Poesiealben. Aber das »Vergessen« und das »Sich-Erinnern« war damals schon ein wichtiges Thema. So fordert Gott Mose nach dem Sieg über das Volk der Amalekiter auf, alles zum Gedächtnis in ein Buch zu schreiben (2. Mose 17,14). Das ist zwar keine Geschichte fürs Poesiealbum. Aber eigentlich geht es ums Gleiche. Gott möchte, dass dieses

Erlebnis nicht vergessen wird. Dass sich Menschen später daran erinnern. Dass sie sich daran erinnern, wie er ihnen geholfen hat.

Gott weiß, dass wir vergesslich sind. »Macht euch Merkzeichen«, fordert er deshalb sein Volk Israel auf. »Merkzeichen, dass ihr mein Wort nicht vergesst« (5. Mose 6,6ff). Und die Israeliten machten das, so wie Gott es ihnen auftrug. Noch heute befestigen orthodoxe Juden mit Lederriemen kleine Lederkästchen mit Worten aus der Thora, dem Gesetz, vorne an der Stirn und am linken Arm.

Gott weiß, dass wir vergesslich sind. Und auch David, der Psalmdichter, wusste es. Sicher kennen Sie den bekanntesten Bibelvers gegen das Vergessen. Welcher ist es? – »Lobe den Herrn, meine Seele, und vergiss nicht, was er dir Gutes getan hat« (Psalm 103,2).

Eigentlich wäre das auch ein schöner Vers fürs Poesiealbum: »Vergiss nicht, was Gott dir Gutes getan hat.« Und der Psalm zählt gleich auf, was dieses »Gute« alles beinhaltet:

Der deine Sünden vergibt und deine Gebrechen heilt, der dein Leben vom Verderben erlöst, der dich krönt mit Gnade und Barmherzigkeit, und der deinen Mund fröhlich macht …

»Vergiss nicht, was Gott dir Gutes getan hat.« Dir ganz persönlich, in deinem Leben. Vergiss nicht, wie viel Schönes du erlebt hast, wie viel Bewahrung du erfahren hast. Wie oft dir geholfen wurde. Vergiss nicht, wie gut es Gott mit dir gemeint hat und immer noch meint. Vergiss nicht, dass Gott dein Freund sein will.

»Dem, der Gott nichts bieten kann, bietet Gott die Freundschaft an.« So heißt es in einem Lied (Vers 2 des Liedes »Hört, wen Jesus glücklich preist«). Gott bietet uns durch Jesus Christus seine Freundschaft an. Seine bedingungslose Freundschaft. Und Jesus ist zu dem größten Freundschaftsdienst überhaupt bereit. Er lässt sein Leben für uns aus lauter Liebe. Er springt ein für unseren Mist und Schlamassel, den wir immer wieder fabrizieren, und nimmt die Schuld auf sich, damit wir frei sein können. Jesus bietet uns die Freundschaft an. Eine Freundschaft, auf die wir uns felsenfest verlassen können.

»Vergiss mich nicht« – das ist nicht nur der Wunsch von vielen Albumschreibern. »Vergiss mich nicht« – das ist ganz besonders

Gottes Wunsch. Dass wir ihn und seine Freundschaft zu uns nicht vergessen.

Und deshalb ist es gut, auch für unsere Freundschaft mit Gott »Merkhilfen« zu haben. Solche »Erinnerungshilfen«, ähnlich wie bei einem Poesiealbum, sind:

- Zettel mit Versen oder Sprüchen, die uns wichtig geworden sind. In die Bibel oder ins Gesangbuch gelegt, erinnern sie uns an bestimmte Erlebnisse, durch die uns etwas klar geworden ist oder wo wir Gottes Hilfe erfahren haben.
- Eine Merkhilfe gegen das Vergessen kann auch eine Postkarte sein mit einem Bibelspruch, aufgehängt an einem gut sichtbaren Platz in unserer Wohnung.
- Manche Menschen führen auch ein Gebetsheft. Dahinein schreiben sie ihre Gebete und Gottes Antworten. Das ist fast schon so was wie ein »Erinnerungsalbum«.
- Erinnerungshilfen gegen das Vergessen sind aber auch Gottesdienste und das Lesen in der Bibel.

Und manchmal kann uns sogar ein Vers aus dem Poesiealbum helfen, Gott und seine Freundschaft zu uns nicht zu vergessen. In einem Album aus dem Jahr 1917 steht ein Spruch, der nochmals alles zusammenfasst:

»Schau oft im Geist zu dem empor,
der ganz Dir leitet Aug und Ohr.
Ob's stürmt und ob die Sonne scheint,
dort oben ist Dein treuster Freund.«

Gebet:

Vater im Himmel, wir danken dir für alle guten Freunde, die uns in unserem Leben begleitet haben. Wir danken dir für besondere Stunden der Freundschaft, in denen wir Hilfe erfahren haben, in denen wir unser Inneres öffnen konnten, in denen wir ganz angenommen waren. Wir danken dir für alle fröhlichen Unternehmungen, die wir mit unseren Freunden und Freundinnen gemeinsam erlebt haben und noch erleben. Danke, dass wir nicht alleine durchs Leben gehen müssen.

Herr Jesus Christus, wir danken dir dafür, dass du selbst unser bester Freund bist. Du gehst mit uns durch dick und dünn. Du bist auch dann noch für uns da, wenn alle menschlichen Freundschaften zu Ende sind. Wir bitten dich: Lass uns deine Freundschaft nie vergessen!

Amen.

4. Materialsammlung zum Thema

a) Lebensbild: Dora Rappard – »Er hat mich Freund genannt«

Poesiealben haben eine jahrhundertealte Tradition. Zwar etablierte sich der Begriff »Poesiealbum« als alleinige Bezeichnung für diese Erinnerungsbücher endgültig erst vor gut 40 Jahren. Die Sache an sich gibt es aber schon sehr lange: Freunde und Bekannte werden um einen Eintrag ins Album gebeten, und manch einer schreibt von ewigem Gedenken und ewiger Freundschaft. Allerdings dauert diese »Ewigkeit« oft nicht sehr lange, und es kann passieren, dass man sich nach etlichen Jahren beim Blättern im Album nicht einmal mehr das Gesicht des einen oder anderen Schulkameraden vorstellen kann. Aber, na ja, so ganz ernst haben wir die meisten dieser Treueschwüre aus dem Poesiealbum ja sowieso nie genommen. (...)

Und doch: Der rapide Verfallswert dieser Freundschaftsversprechen ist auch ein bisschen traurig. Denn wir werden dadurch erinnert, dass manche ernsthafte Freundschaft tatsächlich auseinander gehen kann, dass Freunde enttäuschen können und dass es Situationen geben kann, in denen Freunde uns sogar im Stich lassen. Und so ist es wohl nicht verwunderlich, wenn ein Eintrag in einem älteren Album 1917 auffordert, sich auf einen ganz anderen, göttlichen Freund zu verlassen. Da ist zu lesen:

Schau oft im Geist zu dem empor,
der ganz Dir leitet Aug und Ohr.
Ob's stürmt und ob die Sonne scheint,
dort oben ist Dein treuster Freund.

Von diesem himmlischen Freund wusste auch die Schriftstellerin und Dichterin Dora Rappard. Dass Jesus ihr Freund ist, das bestimmte ihr Leben, und sie freute sich von Herzen darüber. In einem Gedicht schrieb sie:

Zu meines Heilands Füßen
lag ich in tiefem Schmerz;
es wollt vor Weh zerfließen
mein reuevolles Herz.
Da hat er mich erblicket,
hat sich nicht abgewandt,
hat mich ans Herz gedrücket,
er hat mich Freund genannt.

»Sein Freund! Sein Freund!« Es schallet
dies Wort in meiner Brust.
Sein Freund! Sein Freund! Es wallet
mein Herz in sel'ger Lust.
Er, der in Todesnächten
die Hölle überwand,
der Held zu Gottes Rechten,
er hat mich Freund genannt.

Dora Rappard wurde am 1. September 1842 auf Malta als fünftes Kind eines schweizerischen Missionarsehepaars geboren. 1846 wurde ihr Vater Samuel Gobat von König Friedrich Wilhelm IV. von Preußen zum Bischof in Jerusalem berufen. Über 30 Jahre versah er dort diesen Dienst. Die Jahre im Heiligen Land prägten die Kindheit Doras und ihr späteres Leben entscheidend.

Dora genoss nur eine kurze Schulbildung im Internat der Brüdergemeine in der Schweiz; aber sie war wissbegierig und bildete sich weiter. In der elterlichen Bibliothek gab es dafür Bücher und

Lexika, und in das Haus des Jerusalemer Bischofs kamen viele gelehrte und berühmte Menschen zu Besuch. Auch der berühmte Theologe Konstantin von Tischendorf machte hier auf dem Rückweg vom Sinai Station, nachdem er dort sensationelle Handschriften (den so genannten Codex Sinaiticus) gefunden hatte. Still hörte Dora immer wieder den Besuchern zu und nahm alles Gehörte in sich auf. Mit knapp 19 Jahren reiste sie für ein Jahr nach England und führte ihrem Bruder, der dort Vikar war, für ein Jahr den Haushalt und unterstützte ihn bei seiner Gemeindearbeit. Dann kehrte sie nach Jerusalem zurück und leitete eine Mädchenschule für moslemische, jüdische, orthodoxe und protestantische Kinder.

1867, mit 25 Jahren, heiratete sie den Missionar Carl Heinrich Rappard. Rappard arbeitete für die Pilgermission St. Chrischona in Ägypten, und die Eheleute wohnten zuerst einige Zeit in Alexandria und danach wenige Monate in Kairo. Dora unterstützte die Arbeit ihres Mannes und hatte als Frau die Gelegenheit, auch in moslemischen Harems missionarisch tätig zu sein. Nur ein halbes Jahr nach ihrer Hochzeit – 1868 – wurde Carl Heinrich Rappard zum Leiter der Pilgermission St. Chrischona bei Basel berufen, und die beiden siedelten um in die Schweiz. In St. Chrischona lebte und wirkte Dora Rappard mit kurzer Unterbrechung 55 Jahre lang, 41 davon zusammen mit ihrem Mann, der 1909 starb. In diesen Jahren entwickelte sich Dora Rappard zu einer der bedeutendsten christlichen Frauen ihrer Zeit.

Dora Rappard war eine mütterliche Frau, die ihre Kinder von Herzen liebte. Es war ihr ein großer Schmerz, dass sie zwei ihrer zehn Kinder kurz nach der Geburt verlor und ihren ältesten Sohn mit 21 Jahren in ihren Armen sterben sah. Eine Tochter starb zwei Jahre vor Doras eigenem Tod.

Neben ihrer Familie kümmerte sich Dora Rappard in mütterlich fürsorglicher und seelsorgerlicher Weise um die Schüler und Mitarbeiter des Chrischona-Werkes. Sie wurde die »Mutter von St. Chrischona«. Als »Verwaltungschefin« kümmerte sie sich darüber hinaus um Wäscherei, Küche, Schlächterei und um die Kasse. Sie erledigte die Korrespondenz und half ihrem Mann bei der Herausgabe der Monatszeitschrift »Glaubensbote«.

Schon früh begann Dora Rappard zu dichten. Bereits mit 14 Jahren besaß sie ein kleines Büchlein mit eigenen Gedichten. Neben geistlichen Liedern gab es darin Verse mit Naturschilderungen, zum Familienleben, über das Klavier. Dora Rappard verfasste diese und spätere Gedichte in englischer Sprache. Daneben beherrschte sie Französisch und Arabisch. Nach ihrer Hochzeit dichtete sie immer mehr in deutscher Sprache. Mehr als 500 Gedichte und Lieder stammen von ihr, von denen einige noch heute gesungen werden. Sie komponierte Melodien und übersetzte und übertrug englische Lieder ins Deutsche. Auch das bekannte Lied »Nimm mein Leben!« ist eine Übersetzung von ihr:

Nimm mein Leben! Jesu dir
übergeb ich's für und für.
Nimm Besitz von meiner Zeit;
jede Stund sei dir geweiht.

Nimm, Herr, meinen Willen du,
dass er still in deinem ruh;
nimm mein Herz, mach hier es schon
dir zum Tempel und zum Thron.

Zunächst wurden einzelne ihrer Gedichte und Lieder in der Monatszeitschrift »Glaubensbote« und dann in dem 1875 erschienenen Gemeinschaftsliederbuch veröffentlicht, dort aber ohne Nennung ihres Namens. 1888 erschienen einige ihrer Gedichte in einem Sammelband, und 1899 endlich ein eigener Gedichtband, der auf sehr positive Resonanz stieß; 1923, kurz vor ihrem Tod, erschienen die »Abendglocken«.

Gedichte und Lieder waren Ausdruck ihres Fühlens und Denkens und strömten immer wieder aus ihrem vollen Herzen. Ihr größter Wunsch war es, Gott mit ihren Liedern zu loben und zu preisen. Als 16-Jährige schrieb sie:

Ich will von seinen Wundern singen,
die er, der Mächtige, vollbracht;
sein Preis und Ruhm soll weit erklingen
in dieser Welt, die er gemacht.

Ein anderer Vers lautet:

> Einen Namen nenn' ich euch,
> o, es ist ihm keiner gleich!
> Name voller Lebenssaft,
> Name voller Ruh' und Kraft: Jesus!

In diesem Sinn trägt auch ihr letztes selbst verfasstes Lied den Titel: »Er, nur Er«.

Viele Menschen wurden durch die anschauliche und direkte Sprache von Dora Rappard angesprochen. Mancher ihrer Verse hätte deshalb auch gut in ein Poesiealbum gepasst. Und wer weiß, vielleicht könnte man da sogar einiges finden. (...)

Neben ihrer Tätigkeit als Dichterin begann Dora Rappard 1875 vor allem auf Wunsch ihres Mannes Vorträge und Frauenstunden zu halten. Ihrem Bibelverständnis entsprechend redete sie aber nicht vor Versammlungen mit Männern. Ein Jahr nach dem Tod ihres Mannes schrieb sie seine Biografie, die 1910 erschien. Weitere Bücher folgten, 1922 entstand als Letztes das Buch »Frohes Alter«, das auch heute noch im Buchhandel erhältlich ist.

Was ihrem Leben Kraft und Halt gegeben hat, fasst sie ein Jahr vor ihrem Tod mit den Worten zusammen:

> Unsere Vergangenheit unter Jesu Blut,
> unsere Zukunft in seinen Händen,
> unsere Sorgen auf seinen Schultern,
> unsere Bitten in seinem Herzen,
> das gibt Ruhe, das macht still und froh.

Am 10. Oktober 1923 starb sie mit 81 Jahren in St. Chrischona.

Quellen:

Klaus Haag, Dora Rappard – Er hat mich Freund genannt, Winteler und Johannis 1998

Emmy Veiel-Rappard, Mutter. Bilder aus dem Leben von Dora Rappard-Gobat, Brunnen Verlag 1926

Peter Zimmerling, Starke fromme Frauen, Brunnen Verlag 1999

Frauen. Ein Werkbuch für die Arbeit in der Gemeinde, hrsg. von E. Diehl/E. Wetter, R. Brockhaus Verlag 1988

b) Wissenswertes: Wer in dieses Büchlein schreibt ...

Die Wurzeln des Poesiealbums sind in den Stamm- oder Wappenbüchern des Adels zu suchen. Im Mittelalter wird hier die Zugehörigkeit zu einem Familiengeschlecht aufgezeichnet. Die Bücher enthalten darum die Lebensdaten der Familienmitglieder sowie ungewöhnliche Familienereignisse. Geschmückt werden die Seiten mit den gemalten Wappen der Familien. In der Renaissance greifen die Gelehrten diesen Brauch auf. Den Familiendaten werden nun Glück- und Segenswünsche von Verwandten und Freunden sowie Zitate aus der Bibel hinzugefügt. Gemalte Bilder illustrieren den Inhalt. Dann beginnen auch Studenten ein Stammbuch zu führen. In ihren Händen wird es zu einem Fahrten- und Freundesbuch. Diese Mode verbreitet sich im ganzen deutschen Sprachraum und greift auch auf die Niederlande und Skandinavien über.

Vereinzelt befindet sich das Gedenkbuch bereits im 16. Jahrhundert auch in der Hand von jungen Frauen der höfischen Gesellschaft. Die vor der Eheschließung geführten Alben tragen den Charakter von Besucherbüchern, in denen sich die Gäste der Eltern verewigen.

Die Tradition des Stammbuches wird im 17. Jahrhundert schwächer. Sie erfährt eine Belebung im 18. Jahrhundert und erreicht eine neue und nachhaltige Blütezeit zwischen 1790 und 1850. Das Stammbuch der herrschenden bzw. der weit über dem Durchschnitt gebildeten Schichten wird nun vom Bürgertum entdeckt. Besonders Frauen verbreiten die Erinnerungsbüchlein mit fast inniger Zuneigung. Als Verzierungen tauchen neben Malereien auch gepresste Blumen sowie Stickereien mit Perlen, Haaren und Seidenbändchen auf. Nach 1815 wird das Familienstammbuch zu einem Element der Kultur des Bildungsbürgertums, in der vor allem die private Idylle von Freundschaft, Liebe und Zusammengehörigkeit gezeigt wird. Die Einflüsse des Biedermeiers sind bis in die 80er Jahre des 20. Jahrhunderts deutlich sichtbar. Erst in der Mitte des 19. Jahrhunderts gelangt das Album in die Hände der Kinder. Aber mehr als ein Jahrhundert braucht es, bis es nur noch ein Büchlein für die Schulzeit ist. Heute ist es fast ausschließlich in den Schulmappen der jüngeren Schulkinder, und da besonders der Mädchen, zu finden.

In der zweiten Hälfte des 19. Jahrhunderts halten die Lackbilder ihren Einzug. In dieser Zeit ändert sich auch die Bezeichnung auf dem Einband. Es erscheinen nun immer öfter die Schriftzüge »Album« und »Poesie«. Aber erst um 1960 setzt sich der Name Poesiealbum endgültig durch.

Im ausgehenden 20. Jahrhundert wird eine neue inhaltliche Form des Freundschaftsbuches geboren. Mit Passbild und wie in einem Steckbrief werden kurze persönliche Angaben wie Größe, Alter, Augenfarbe, Hobby, Lieblingsfilm, Traumberuf u.a.m. schriftlich abgefragt. Nur ein kleiner Raum ist für einen Spruch oder Vers eingerichtet. Die meisten Illustrationen sind eingedruckt. Sogar das zurzeit modernste Medium, das Internet, bietet in einem Chatroom ein Poesiealbum an.

Text: Helma Hörath, Museum Kindheit und Jugend, Berlin

c) Artikel: Freundschaft wahren, Freundschaft bewahren

Vertrauen heißt Mut haben, zu bejahen, dass ich bejaht werde.

- »Mein Leben ist gelaufen«, sagt mir eine Fünfundzwanzigjährige, nachdem sich ihr Freund von ihr getrennt hat. Für neue Bindungen fühlt sie sich schon zu alt: »Es ist nichts mehr drin.«
- »Ich habe mich um nähere Beziehungen gemüht, Freundschaft gesucht, aber ich bin für andere uninteressant. Niemand will etwas von mir. Niemand vermisst mich.«
- »Ich habe viele Freunde und dennoch keinen.«
- »Ich schäme mich, anderen einzugestehen, dass ich einsam bin. Niemand weiß, dass mein nächster Mensch mir gar nicht mehr nahe ist, sondern unendlich weit, schmerzhaft weit entfernt. Alle denken, ich wäre sehr zufrieden.«

– »›Komm doch mal, ruf mal an, besuch uns mal!‹, so werde ich aufgefordert, aber kaum einer macht sich zu mir auf den Weg, ahnt, dass meine kleine Wohnung es auch nötig hat, dass sich Gäste und Freunde darin wohl fühlen.«

Diesen Aussagen fehlt der Mut, zu vertrauen, dass man bejaht wird, gewollt ist. Die Erfahrung dieser Menschen sieht ganz anders aus.

Die Ursachen solch negativer Erfahrungen sind vielfältig: Ein Mensch verliert den Lebenspartner, einen nahen Freund, dem er bisher sein Vertrauen schenkte. Der Tod hat getrennt oder Entfremdung ist eingetreten. Das Vertrauen ist geschwunden, man teilt sich noch einiges mit, aber teilt nicht mehr, was einen wirklich beschäftigt, das offene Gespräch hat aufgehört.

Gesundheitliche Krisen können menschliche Beziehungen beeinträchtigen. Die körperlichen Kräfte nehmen ab, es fehlt der Schwung, sich aufzuraffen, Bekannte, Freunde aufzusuchen. Oder die Pensionsgrenze ist erreicht, und mit dem Berufsleben verliert man auch die vertrauten Kollegen und Freunde. Auch übergroße Selbstbezogenheit kann eine Ursache sein. Das Haben-Wollen beherrscht mein Denken: Ich möchte den andern haben, für mich haben. Aber so wachsen keine gesunden und dauernden Beziehungen. Jedes zu große Übergewicht von einer Seite belastet.

Egozentrik kann auch gepaart sein mit dem Verlust eines gesunden Selbstwertgefühls: »Mich mag niemand – niemand hat Zeit für mich – niemand braucht mich.«

Stimmt das wirklich? Es ist selten, dass jemand so umfassend Ablehnung erfährt. Sind wir wach für die oft leisen Bitten, die uns zu erreichen versuchen: »Ich brauche dich – höre mir zu – öffne mir dein Herz«? Oder haben wir unsere festen Vorstellungen, wie sich Kontakte und nähere Beziehungen entwickeln sollen, und vernehmen darum solche scheuen Signale nicht?

Vertrauen heißt Mut haben, zu bejahen, dass ich bejaht werde. Schenke ich doch dem anderen mein Ja und glaube ihm sein Ja zu mir!

In diesen Tagen sprachen wir in einer kleinen Gruppe darüber, wie wir ehrlicher und offener miteinander umgehen könnten. Es sollte in christlichen Gruppen leichter und selbstverständlicher sein, aber das Gegenteil ist oft der Fall. Warum? Möchten wir das Bild nicht zerstören, das wir aufgebaut haben? Schämen wir uns unserer Rat- und Hilflosigkeit? Haben wir Angst vor Kritik, Angst, dass unser kleiner und schwacher Glaube offenbar wird und von dem so gewissen Glauben anderer erdrückt wird?

Das ständige Abwägen und Sich-Absichern erstickt ein offenes, wagendes Gespräch, auch die Gespräche in Glaubensfragen. Hier gibt es kein Besserwissen, sondern wir sind alle miteinander auf dem Wege.

Es gibt eine gesunde und notwendige Scheu, persönliche Dinge und Probleme öffentlich auszubreiten. Aber ich brauche einen oder ein paar Menschen, denen ich sagen kann: »Du darfst, ja, du musst von mir wissen.«

Ich las ein Wort von Kleist: »Wer in Gesellschaft seiner Freunde immer Worte wägt, ist selten ein wahrer Freund und selten einer Freundschaft fähig.« Ja, ein Freund ist einer, vor dem ich ungeschützt reden darf, nicht Zu-Ende-Gedachtes sagen kann, mich auch einmal gehen lassen darf. Damit gebe ich mich zwar in seine Hand, aber warum auch nicht. Wir brauchen uns gegenseitig nichts vorzumachen. »Es gibt keinen besseren Spiegel als der alte Freund«, sagt ein Sprichwort. Vielleicht korrigiert er mich, oder aber ich rege seine Gedanken an, und wir reden miteinander weiter und stoßen in neue Gebiete vor. Bleibe ich aber ängstlich um mich besorgt und wage mich selbst nicht heraus, dann bleibe ich allein. Je älter ich werde, umso schwieriger wird es, die verletzbaren Stellen in meinem Leben zu zeigen. Und doch bleibt das Verlangen nach Beziehungen, die tragfähig sind für mein Versagen und Verzagen, die offen sind und klar und verlässlich.

Wovon lebt ein gutes Miteinander in der Ehe, Freundschaft, Familie, unter Kollegen, in einer verbindlichen Gruppe? Nicht nur von dem, was wir einander geben, sondern viel mehr von dem, was wir einander vergeben. Wichtig ist, dass eine Beziehung klar und wahr ist. Auch hier muss immer wieder gewagt werden, auf den anderen zuzugehen, wenn sich Störendes dazwischen gestellt hat. Es klärt oder »erledigt« sich selten etwas von selbst. Für mich gehört es zu der gegenseitigen Wertschätzung und hat etwas mit menschlicher Würde zu tun, den anderen wissen zu lassen: »Das und das stört mich, macht mir Mühe – lass uns darüber sprechen, denn du bist mir wichtig, unser gegenseitiges Vertrauen bedeutet viel für mich.«

Vielleicht weiß es der andere gar nicht. Auch der nahe stehende Mensch erlebt die gemeinsame Beziehung anders als ich. Darum ist es gut, wenn wir miteinander darüber sprechen. Dass solche Schritte aufeinanderzu umbetet werden können, gibt den Mut, sie zu wagen. Wir leben alle von dem gegenseitigen Vergeben und gemeinsam von der Vergebung unseres Gottes.

Und wenn uns wenig Möglichkeiten bleiben, menschliche Beziehungen zu pflegen? Wenn der Beruf oder die Familie zu viel Zeit und Kraft fordern? Ich möchte mich darauf verlassen, dass eine tragfähige Beziehung auch das verkraftet. Wie gut ist es, wenn man nach einer Zeit des Schweigens das Gespräch ohne langen Anlauf dort weiterführen kann, wo es vor Monaten abgebrochen wurde, weil das Vertrauen auf einer tieferen Ebene verankert ist.

»Mein Leben ist gelaufen« – stimmt eigentlich solche Rede? Da gibt es die Wunden und Verletzungen einer enttäuschten und zu Ende gegangenen Beziehung, die noch nicht vernarbt sind. Der Riss, den der Tod eines Menschen verursacht hat, ist noch nicht geschlossen. Das alles kann oft Jahre dauern, heilt vielleicht nie. Und doch stimmt es nicht, dass ich nichts mehr erwarten kann. Ich darf noch mit innerer Gespanntheit offen sein für Neues, Unerwartetes, darf Gott zutrauen, dass er mich noch einmal mit einem Menschen näher zusammenführt. Sollte ich, die ich älter geworden bin, nicht mehr fähig sein zu neuen Begegnungen? Ich meine, jetzt bin ich es erst recht, wenn das Wort »fähig« hier überhaupt hinpasst. Ich weiß nun mehr vom Leben und den Menschen, nicht zuletzt auch durch den Umgang mit Gottes Wort, das so viel vom Menschen und von der unermüdlichen und entlastenden Güte Gottes zum Menschen mitteilt.

Sollte das Ergebnis nur vermehrtes Misstrauen sein und Skepsis im Blick auf den anderen und auf mich? Ich bin nüchterner geworden, auch schärfer sehend, kritischer, vielleicht auch anspruchsvoller. Ich weiß, dass neue Beziehungen auch neue Verantwortung mit sich bringen, neue Belastungen und Einschränkungen meiner Freiheit. Ich werde es für mich klären müssen, was Freiheit und Bindung für mich bedeuten.

Aber warum sollten wir älter Gewordenen nicht mehr fähig sein zu neuen Begegnungen, auch zu »späten Freundschaften«? Bleiben wir nicht mit dem Herzen jung, wenn wir die Fähigkeit bewahren, neue Freunde zu gewinnen?

Neulich erlebte ich, dass zwei Ältere bei einer längeren Tagung Freunde wurden und sich auch dazu bekannten. Es war für sie ein ganz überraschendes Geschenk. Für uns, die wir das miterlebten, war es eine wahrhafte Freude.

Vertrauen wagen, das bedeutet, Gehilfen der Freude und des Glaubens für das eigene Leben zu finden und vielleicht auch für andere zu werden. Es ist nie zu spät, wir brauchen die Hoffnung nicht aufzugeben, dürfen dafür offen bleiben.

Gisela Biermann, aus: Arbeit und Stille, Schriftenreihe aus dem MBK-Verlag, Bad Salzuflen, 1/1982

d) Artikel: Blick in ein Poesiealbum von 1942

Ich half einer guten Bekannten beim Umzug. Während des Aufräumens, Aussortierens und Wiedereinräumens fand ich ein altes, fast unansehnliches Buch. Ich wollte es schon im Papierkorb entsorgen, denn es wirkte regengeschädigt. Aber irgendwie interessierte es mich. Mir war, als spreche dieses Buch: »Öffne mich, wirf mich nicht weg!«

Beim Blättern sah ich sofort, dass es sich um ein Poesiealbum handelte, das ein Goldapsches Mädchen aus Ostpreußen Anfang 1945 mit auf die Flucht genommen hatte. Es standen auch Eintragungen aus einer pommerschen Zwischenstation darin, und dann aus dem Ort, an dem die Familie endlich Zuflucht gefunden hatte. Aus Ostpreußen stammten jene Eintragungen mit alten Poesiesprüchen, die ich noch nicht kannte.

So lautete ein Spruch z.B.: »Fliegt hin, ihr lieben Täubchen, fliegt über Berg und Tal, fliegt hin zur lieben Dora und grüßt sie tausendmal.« Und in jeder der vier Seitenecken standen zwei Worte: »In allen vier Ecken soll Liebe drin stecken.« Und ein anderer Spruch, den eine Kameradin Margarete ins Buch geschrieben hatte, lautete: »Der Name Dora heißt: Von Gott gegeben. Aus Gottes Händen wuchs Dein ganzes Leben. Bei dem, was Gott an Freuden gibt, denk: Also hat mich Gott geliebt. Und bei der Prüfung, die Dir wird, denk, dass Dein Gott sich niemals irrt!« Und eben dieser Vers interessierte mich persönlich besonders, weil ich als Zweitnamen im Stammbuch »Dorothea« stehen habe – meine westfälische Tante Dora war meine Taufpatin.

Betroffen machte mich der Spruch einer Schulfreundin Doras aus Ebenrode. Sie hieß Irene und verewigte sich am 9. Februar 1942 mit folgenden Worten in deutscher Schreibschrift: »Drei Engel sollen dich begleiten in deinen langen Lebenszeiten.« Und sie hatte zwei Engel über den Spruch gemalt, von denen einer dem anderen gerade eine Blume überreichte. Ich musste darüber nachdenken, dass jene Dora nicht sehr alt geworden ist. Und man hat nach Aussagen ihrer älteren Schwester nichts davon gespürt, dass Schutzengel an ihrer Seite standen. Doch wie können wir Menschen letztendlich schon ermessen, warum Gott vieles für uns Unverständliche zulässt? Es steht ja in der Bibel: »Was ich jetzt tue, das weißt du nicht, du sollst es aber hernach erfahren ...«

Ich wollte das äußerlich ramponierte Büchlein eigentlich aufbewahren, aber mein auswärtiges Patenkind, das ich es einsehen ließ, hat es vor vier Jahren von mir anlässlich seiner Konfirmation zurückerbeten. Die verstorbene Besitzerin war nämlich ihre Großtante, die sie aber nicht mehr kennen gelernt hatte. Ich habe mir vorher einige Seiten aus dem ostpreußischen Album fotokopiert und kann daher jetzt so detailliert darüber berichten.

Christel Looks-Theile, aus: Frau und Mutter, Kreuz Verlag Stuttgart, 3. Beilage zu Nummer 3, 2003, Rechte bei der Autorin

e) Erzählung: Das Heiligenbildchen

»Es war einige Jahre vor dem Ersten Weltkrieg. Ich war ungefähr zehn Jahre alt und verbrachte die Ferien bei Verwandten in einer böhmischen Stadt an der Elbe. Natürlich hatte ich dort Freundinnen und auch Freunde. Einer davon, der Auserwählte sozusagen, durfte auch in mein Poesiealbum schreiben, nachdem er lange darum gebettelt hatte, denn eigentlich wollte ich ja möglichst keine Buben darin haben.

Gespannt schlug ich das Album auf, die Seite sah so aus: Erst kam ein Verschen (das ich allerdings nicht mehr weiß), dann ein schönes buntes Aufklebebildchen, ein Herz mit einem Vergissmeinnicht-Kränzchen und darunter stand »Ich liebe Dich«. Natürlich war ich stolz auf diese erste schriftliche Liebeserklärung, aber gleichzeitig kamen auch Bedenken. Es war mir nun doch sehr peinlich, das Album weiterzugeben und – was würde meine Mutter sagen? Das Blatt herausreißen mochte ich auch nicht, es wäre doch zu schade um das schöne bunte Herzchen gewesen. Ich beriet mich also mit meinem kleinen Kavalier, und er hatte den glänzenden Einfall, neben das Herzchen einfach ein Heiligenbildchen zu kleben, so dass dem Beschauer jede weitere Schlussfolgerung überlassen bleibt. Das wurde zwar von ihm nicht ausgesprochen, aber von mir sofort verstanden. So geschah es auch, und unser Gewissen war, wenn auch nicht vollkommen, so doch ziemlich beruhigt.«

(Aus: Alfred Fiedler, Vom Stammbuch zum Poesiealbum, Weimar 1960)

f) Lied: Freunde, euch gilt dieses Lied

Freunde, euch gilt dieses Lied, denn, was immer auch geschieht:
ich gehör zu euch, wie ihr zu mir gehört.

Freunde sind ein Trost des Herrn. Darum sage ich euch gern:
Ohne euch wär ich nicht, wer ich heute bin.

Als ihr in mein Leben tratet, manchmal still ersehnt, manchmal aber unerwartet, wart für mich ihr ein Licht aus einer andern Welt.

Freunde, ihr wart für mich da, immer, in der Not sogar.
um euch Dank zu sagen, sing ich dieses Lied.

Freunde haben ihre Zeit. Nicht sehr viele gingen weit
mit mir auf dem Weg, der schlicht »mein Leben« heißt.

Ihr erglühtet wie ein Funken klein und ohne Macht,
der, vor Lust und Freude trunken, seine Zeit, meine Zeit,
eine Zeit verbracht.

Als ihr in mein Leben tratet, manchmal still ersehnt,
manchmal aber unerwartet,
wart für mich ihr ein Licht aus einer andern Welt.

Text: Jürgen Werth; Rechte: Abakus-Musik

g) Verse aus dem Poesiealbum

Im Laufe der Zeit sind unzählige Sprüche und Verse fürs Poesiealbum entstanden. Viele Bücher mit Sammlungen von Versen speziell fürs Poesiealbum zeugen davon. Trotzdem findet man in Alben, die schon viele Jahrzehnte alt sind, immer wieder die gleichen Gedichte und Sprüche, die Kinder auch heute noch in ihre Alben schreiben. Über lange Zeit hat sich ein festes Spruchrepertoire gebildet. Vielleicht liegt es daran, dass noch heute Kinder gerne aus den Alben ihrer Mütter abschreiben. Und diese haben dasselbe schon bei ihren Müttern gemacht. Viele Sprüche stammen aus der Zeit des Biedermeiers (1815-1848). Damals erfreuten sich Poesiealben besonders großer Beliebtheit.

Die Sprüche der Poesiealben lassen sich in sieben Themenkomplexe einteilen:

1) Wünsche für ein unbeschwertes, sorgenfreies Leben:

Dein Leben sei glücklich und heiter,
kein Leiden betrübe Dein Herz,
das Glück sei stets Dein Begleiter,
nie treffe Dich Kummer und Schmerz.

Drei Engel mögen dich begleiten,
in deiner ganzen Lebenszeit,
und diese Engel, die ich meine,
sind: Liebe, Glück, Zufriedenheit.

2) Versicherung »ewigen« Andenkens:

Rosen, Tulpen, Nelken,
alle Blumen welken,
nur das eine Blümlein nicht,
und das heißt: Vergissmeinnicht.

Öko-Variante:

Rosen, Tulpen, Nelken,
alle unsere Blümlein welken;
drum tu was für den Umweltschutz,
sonst bist du zu gar nichts nutz.

Moderne Variante:

Tulpen, Nelken, Rosen,
mach nicht in die Hosen.
Du musst deine Ängste dämpfen
und um deine Rechte kämpfen.

(Beide Varianten aus: Bruno H. Bull (Hrsg.), Heitere und besinnliche Verse fürs Poesiealbum, Falken Verlag, Niedernhausen/Ts. 1999)

Was soll ich Dir ins Album schreiben,
ein Verslein oder ein Gedicht?
Ich denk' ich lasse beides bleiben
und schreibe nur: »Vergiss mein nicht.«

3) Religiös motivierte Sprüche und Ermahnungen:

Lass die Stürme wehen auf des Lebens Bahn,
ob sich Wogen türmen gegen deinen Kahn;
schiffe ruhig weiter, wenn der Mast auch bricht –
Gott ist dein Begleiter, er vergisst dich nicht.

Ich schreibe nicht lange
ein zierlich Gedicht.
Nur diese drei Worte:
Gott schütze dich!

4) Ethisch-moralische Grundwerte:

Willst du glücklich sein im Leben
trage bei zu anderer Glück,
denn die Freude, die wir geben,
kehrt ins eigne Herz zurück.

Lern Gehorsam dir zu eigen,
folge stets der Eltern Wort,
lerne reden, lerne schweigen,
aber stets am rechten Ort.

Hab Sonne im Herzen,
ob's stürmt oder schneit,
ob der Himmel voll Wolken,
die Erde voll Streit.

Hab Sonne im Herzen,
dann komme was mag,
das leuchtet voll Licht
Dir den dunkelsten Tag.

5) Humorvolle Zeilen:

Ein Häuschen aus Zucker,
aus Zimt die Tür,
der Riegel aus Bratwurst,
das wünsche ich Dir.

6) Verse, die das Album selbst zum Inhalt haben:

Freundlich räumst du ein Plätzchen
mir in diesem Album ein,
möchte auch in deinem Herzen,
niemals ganz vergessen sein.

Ich hab' mich hinten angewurzelt,
dass niemand aus dem Album purzelt.

7) Sprüche zur Heimat:

Vergesse nie die Heimat,
wo deine Wiege stand,
du findest in der Ferne,
kein zweites Heimatland.

(Zusammenstellung nach Unterlagen von Kerstin Walz, Reutlingen/Altenburg)

h) Kurioses und Heiteres

Schon von Beginn an wurden die Stamm- und Freundschaftsbücher künstlerisch ausgestaltet. Bis in die Mitte des 18. Jahrhunderts waren dafür hauptsächlich Berufskünstler zuständig. Manche wanderten von Hof zu Hof und boten ihre Künste an. Vor allem in den Universitätsstädten gab es aber auch »niedergelassene« Maler mit Werkstätten. Bereits im 17. Jahrhundert boten Schönschreibekünstler ihre Dienste an.

Später wurden die Alben auch mit gepressten Blumen, Spitzenbildern, Haararbeiten, Scherenschnitten oder Stickereien mit Haaren, Perlen und Seidenbändern verziert. Auch hier gab es professionelle Kräfte, die ihr Geld u.a. mit Stickereien und Stanzarbeiten verdienten. Im 18. Jahrhundert wurden Kupferstiche für Alben zum Kauf angeboten. Ab 1850 traten die Oblatenbilder ihren Siegeszug in den Alben und den Herzen ihrer Besitzer an. Damals wurden die Glanzbildchen zunächst in chromolithografischem Verfahren gedruckt, anschließend geprägt und ausgestanzt. In späteren Jahren wurden sie noch zusätzlich lackiert. Vor rund 100 Jahren wurden diese Bildchen von Jugendlichen wie Briefmarken gesammelt und getauscht. Bögen mit Oblatenbildern werden heute in Deutschland nur noch von einer einzigen Firma hergestellt.

(Quellen: Alfred Fiedler, Vom Stammbuch zum Poesiealbum, Weimar 1960; Karl Graak, Vergiss mein nicht, gedenke mein. Vom Stammbuch zum Poesiealbum, Bruckmann, München 1985; Kerstin Walz, Reutlingen/Altenburg; Helma Hörath, Museum Kindheit und Jugend, Berlin)

Der Stammbuchbrauch war besonders an den Universitäten verbreitet. Dabei missbrauchten es Professoren immer wieder, um ihren kollegialen Streit nicht nur in den Vorlesungssälen zu führen, sondern auch in den Freundschaftsbüchern ihrer Studenten.

Johann Wolfgang von Goethe besaß bereits als Student ein eigenes Stammbuch und legte diesen Brauch später auch seinen Söhnen und Enkeln ans Herz. In seinem »Faust« bittet ein Schüler den als Faust verkleideten Mephisto um einen Stammbucheintrag (Faust, 1. Teil, ab 2045). Goethe wurde natürlich auch immer wieder gebeten, anderen ins Stammbuch zu schreiben. Sein positives und unbeschwertes Verhältnis zu dieser Sitte zeigte sich etwa in dem Vierzeiler aus dem Jahr 1828:

»Find, in dieser Büchlein Reihe,
Manches Altes, manches Neues!
Sie, zu ihnen wiederkehrend,
stets erfreuend, oft belehrend.« (Graak, S. 49)

Philipp Melanchthon, von dem es ebenso wie von Luther auch einen Stammbucheintrag gibt, sieht diesen Brauch dagegen mehr von der ernsten Seite: »Gewiss haben diese Bücher ihren Nutzen, vor allem den, dass sich die Besitzer der Personen erinnern und dabei die weisen Lehren ins Gedächtnis rufen, die man ihnen einschreibt, dass sie den Jüngeren Erinnerungsmittel werden zum Fleiße, damit beim Abschiede der Lehrer ihnen ein günstiges, empfehlendes Wort einschreibe und dass sie auf dem ferneren Lebenswege stets wacker und tüchtig sich bewähren, angeregt, wenn auch nur durch den Namen der Guten, ihrem Beispiel zu folgen.« (Graak, S. 37)

Mancher bekannte Dichter war genervt durch die Erwartung, etwas ins Freundschaftsbuch schreiben zu müssen. So schreibt Heinrich Heine:

»Hier auf gewalkten Lumpen soll ich
Mit der Spule von der Gans
Hinkritzeln ernsthaft halb, halb drollig,
Versifizierten Firlefanz?

Ich, der gewohnt mich auszusprechen
Auf einem schönen Rosenmund
Mit Küssen, die wie Flammen brechen
Hervor aus tiefstem Herzensgrund!

Oh Modewut! Ist man ein Dichter,
Quält uns die eigne Frau zuletzt,
Bis man wie andere Sangeslichter,
Ihr einen Spruch ins Album setzt.«

Und Franz Grillparzer klagt:

»Erinnerungsbuch? Sehr nutzlos, wie mir deucht.
Bedenkt man recht, für wen das Buch und wessen?
Ach, sich erinnern ist nur gar zu leicht.
Schafft mir ein Buch erst, ach, um zu vergessen.«

(Quelle: Ausstellungskatalog Reutlingen, S. 25)

Viele Stammbucheintragungen wurden zunächst in Griechisch, Französisch, Hebräisch und vor allem in Latein gemacht. Erst das 18. Jahrhundert, als das Bürgertum den Stammbuchbrauch aufnahm, brachte für die deutsche Sprache auf diesem Gebiet den Durchbruch. Ein humorvoller Vers aus dem Jahr 1793 nimmt dieses Thema auf:

»Was helfen fremde Sprachen?
Wir trinken deutschen Wein,
denn unsre Mädchen fragen
gar selten nach Latein;
bei liebevollen Küssen
kann man die Sprache missen.« (Fiedler, S. 24)

Und noch ein Gedicht:

»In nur vier Zeilen was zu sagen
erscheint zwar leicht; doch es ist schwer!
Man braucht ja nur mal nachzuschlagen:
die meisten Dichter brauchen mehr ...«

Heinz Erhardt

(Aus: Das große Heinz Erhardt Buch, Goldmann Verlag 2/84)

»Nach einer alten islamischen Legende sprach Adam im Paradies in Versen. Tatsächlich sind alle ursprünglichen Mythen der Menschheit in Versen verfasst. Der Vers ist eine natürliche Form der menschlichen Sprache, oder mit anderen Worten: Die erste Sprache war der Gesang; und der Dichter ist der, der wieder die erste Sprache der Menschheit spricht! Diese Gedanken äußerte der nicaraguanische Dichter Ernesto Cardenal.«

(Aus: Bruno H. Bull [Hrsg.], Heitere und besinnliche Verse fürs Poesiealbum, Falken Verlag 1999)

Verse zum Schmunzeln:

Rosen, Tulpen, Zwiebeln,
Viktoria, ich muss grübeln!
Find ich keinen Vers für dich,
lachen alle über mich.

Ich hab dich geliebt und im Herzen getragen.
Nun bist du verrutscht und liegst mir im Magen.

(Beide Verse aus: Bruno H. Bull [Hrsg.], Heitere und besinnliche Verse fürs Poesiealbum. Eine gelungene Auswahl der schönsten Texte, Falken Verlag, Niedernhausen/Ts.)

Der Hirsch springt hoch, der Hirsch springt weit,
warum auch nicht, er hat ja Zeit.

5. Unterhaltsames

a) Sketch: Die Bestellung

Personen: Liesel Schwille, die Mutter – Peter, ihr Sohn – Hanna, ihre Tochter (beide sind noch Schulkinder) – Lieferant einer Gärtnerei in Arbeitskleidung

Requisiten: Tisch, Telefon, Telefonbuch, Schulheft und -buch, Stifte, Poesiealbum, zwei Schulranzen, ein sehr großer Karton, ein Stängel Vergissmeinnicht (frisch oder als Dekoblume)

Die Kinder sitzen am Tisch, holen ihre Sachen aus dem Schulranzen, legen es vor sich auf den Tisch und blättern darin. Die Mutter kommt herein.

Mutter: Ach, das ist schön. Ihr habt schon mit euren Schulaufgaben begonnen. Was müsst ihr denn machen?

Peter: Ich habe nur was in Mathe auf. Irgendwelche blöden Rechenaufgaben.

Hanna: *(triumphierend)* Und ich hab gar nichts auf. Ätsch! Ich muss nur in ein Poesiealbum schreiben. Das hat mir Katrin gegeben. Meine Banknachbarin. Und ich bin die erste, die reinschreiben darf!

Mutter: Das ist gut, dass ihr heute so wenig Aufgaben zu machen habt. Ihr wisst doch, heute Abend sind wir bei Großtante Sieglinde eingeladen. Sie feiert heute ihren 70. Geburtstag.

Ach, du liebe Zeit! Da fällt mir ein. Ich muss ja noch mit dem Gärtner telefonieren. Fast hätte ich's vergessen! Ich hab Tante Sieglinde ja versprochen, einen kleinen Strauß Blumen für den Tischschmuck mitzubringen. Na, glücklicherweise ist Gärtner Lindenlaub ja dafür bekannt, dass er sehr schnell liefert. *(Mutter geht ans Telefon, blättert im Telefonbuch)* L ... Le ... Li ... Lindenlaub, da haben wir es ja. *(Sie nimmt den Telefonhörer zur Hand und wählt. Währenddessen hat sich Peter bereits ans Schreiben gemacht. Hanna blättert im Poesiealbum und schaut gelangweilt in die Luft.)*

5 ... 1 ... 7 ... 4 ... Hallo Herr Lindenlaub, hier ist Schwille, Liesel Schwille. Ich bräuchte dringend noch ein paar Blumen. – Ja, so schnell wie möglich. – Und könnten Sie mir die Blumen ins Haus liefern? – Ja?! – Das ist prima! Also folgende Bestellung ...

(In diesem Moment wird sie unterbrochen. Die folgenden Dialoge müssen Schlag auf Schlag gehen.)

Peter: *(genervt)* Mama, Mama, ich bring die Rechenaufgabe einfach nicht raus. Kommst du mal?

Mutter: *(ins Telefon)* Entschuldigung, Herr Lindenlaub, einen kleinen Augenblick. *(Mutter geht rasch zu Peter, schaut in sein Heft und liest leise vor:)* 75 und 83 das sind *(laut)* 158.

Hanna: *(ganz ungeduldig)* Mama, kannst du mir jetzt endlich mal helfen. Ich weiß überhaupt nicht, was ich Katrin ins Album schreiben soll.

Mutter: *(geht zu Hanna, überlegt kurz)* Schreib doch einfach: Rosen ...

Hanna: *(unterbricht die Mutter, die eigentlich noch weiter reden wollte)* Wie schreibt man das?

Mutter: R – o – s – e – n.

Peter: Mama, was ist 34 und 63?

Mutter: *(leise)* 34 und 63? *(Laut)* Das ist 97.

Hanna: *(ungeduldig)* Und wie geht's jetzt weiter?

Mutter: Tulpen, T – u – l – p – e – n.

Peter: Und wie viel ist 26 und 94?

Mutter: Das sind genau *(betont)* 120.

Hanna: Und jetzt, Mama, was kommt jetzt?

Mutter: *(betont)* Nel-ken, *(etwas leiser)* al-le Blu-men *(lauter und besonders betont)* wel-ken. *(leiser, aber betont)* Nur die ei-ne wel-ket nicht

Peter: *(ruft dazwischen)* Mama, wie viel ist 20 minus 19?

Mutter: Aber Peter, da könntest du ja nun wirklich wissen: Das ist doch 1!

(wendet sich wieder der schreibenden Hanna zu und diktiert weiter) Wel-che heißt *(lauter und betont)* Vergiss-mein-nicht! – Ach, du liebe Zeit! Ihr habt mich ganz abgelenkt! *(läuft zum Telefon und nimmt den Hörer in die Hand)* Herr Lindenlaub? Entschuldigen Sie bitte, dass ich Sie so lange habe warten lassen! Herr Lindenlaub?? Sind Sie noch dran? Herr Lindenlaub? –

Na so was, einfach aufgelegt! – Da muss ich gleich nochmals anrufen. *(wählt)* 5 – 1 – 7 – 4. – *(wartet kurz)* – Belegt. Was mach ich denn jetzt nur? Ich brauche doch die Blumen dringend.
(In diesem Moment klopft es.) – Herein!

Lieferant: *(Er ist in Arbeitskleidung und mit einem großen Karton, den er auf den Tisch stellt.)* Ich komme von der Gärtnerei Lindenlaub und bringe die bestellten Blumen.

Mutter: *(zunächst erfreut)* Das ging aber schnell.
(Sie spricht zögernd und verwundert, da ihr jetzt wieder einfällt, dass sie ja noch gar nichts bestellt hat.) Da fällt mir ein – ich habe doch noch gar nichts bestellt?!

Lieferant: *(Er hört nicht auf Frau Schwille, holt einen Lieferschein heraus und liest:)* 158 Rosen – 97 Tulpen – 120 Nelken – wie gewünscht: alle verwelkt.

Mutter: *(ungläubig)* So viele Blumen – und alle sind verwelkt?

Lieferant: *(schaut nochmals auf seinen Lieferzettel)* Ach, Sie haben Recht, fast hätte ich's vergessen, ich habe auch noch etwas Unverwelktes: Hier: *(streckt ihr das kleine Vergissmeinnicht hin)* ein Vergissmeinnicht!

Quelle: Susanne Fetzer

b) Bewegungslied

Der bekannte Albumvers »Rosen, Tulpen, Nelken ...« wird in einer Art Sprechgesang rhythmisch und betont gesprochen. Der Text lautet:

Rosen, Tulpen, Nelken,
alle Blumen welken.
Nur die eine welket nicht,
welche heißt »Vergissmeinnicht«.

Rosen	–	Beide Hände befinden sich etwa auf Brusthöhe, die Handflächen zeigen nach oben und öffnen sich gleichzeitig zur »Schale«. Die Finger sind dabei leicht gespreizt und »rund« nach oben gebogen, als hielten sie ganz vorsichtig eine große Rosenblüte darin.
Tulpen	–	Beide Hände zusammenführen, sie bilden nun einen »Kelch«, die Fingerspitzen zeigen dabei nach oben (wie bei betenden Händen).
Nelken	–	Handrücken zum Körper drehen, Finger gut spreizen – sie zeigen sich dabei als »Nelken«, die ja etwas »zerfranste« Blüten haben.
alle	–	Rechter Arm beschreibt einen halben Kreis von der Körpermitte nach rechts und bleibt in dieser Haltung.
Blumen	–	Linker Arm beschreibt einen halben Kreis nach links.
welken	–	Beide Hände fallen gleichzeitig locker (»welkend«) nach unten, die Fingerspitzen zeigen zum Boden.
Nur die eine	–	Zeigefinger der rechten Hand wird hochgehoben und zeigt eine verneinende Geste und wiegt hin und her.
welket nicht	–	Zeigefinger der linken Hand wird hochgehoben, macht dieselbe verneinende Geste und wiegt hin und her.
welche heißt »Vergissmeinnicht«.	–	Beide Hände gleichzeitig in einem weiten Bogen von außen nachinnen zur Körpermitte, zum Herzen, hernehmenund vor dem Körper kreuzen, die Hände liegen dabei auf der Brust und zeigen auf »mich«.

Bewegungen: Vera Kern, Oberjettingen

c) Spiele und Aktivitäten

Spiel:
Zehn bekannte vierzeilige Poesiealbumssprüche werden auf ein Blatt geschrieben und das Ganze in der Anzahl der Gruppen kopiert. Danach werden die einzelnen Zeilen ausgeschnitten. Sie haben dann also für jede Gruppe insgesamt 40 Streifen mit je einer Verszeile. Die Gruppen (3-4 Frauen) müssen nun die Sprüche um die Wette wieder zusammensetzen.

Poesiealbums-Erinnerungskärtchen verteilen:
Bei der Tradition der Poesiealben geht es darum, die Freundschaften der Jugend nicht zu vergessen. Deshalb werden Zeilen der Erinnerung auf den Blättern des Albums festgehalten. Was liegt näher, als ein solches »Erinnerungsblatt« auch von diesem Thema mit nach Hause zu nehmen?

Stellen Sie dazu aus Karton Kärtchen her (ein DIN-A4-Blatt der Länge nach halbiert, die beiden so erhaltenen Kärtchen in der Mitte gefaltet). Auf die linke Seite schreiben Sie einen Vers, der auf Jesu Freundschaft zu uns Bezug nimmt (z.B. der Vers, mit dem die Andacht endet (s. 3) oder zwei Verse des Liedes EG 209 (Copyright!). Dazu kleben Sie ein Lackbild. Auf der rechten Seite können nun alle Frauen des Kreises unterschreiben. Diese Unterschriften erinnern uns daran, dass wir auch heute nicht allein sind, sondern dass andere Menschen uns freundschaftlich begleiten und dass es möglich ist, sich mit der einen oder anderen Frau auch außerhalb des Frauenkreises etwa für einen Spaziergang, zum Kaffeetrinken oder Einkaufen zu verabreden.

Ruf doch mal an!
Ich finde es wichtig, bei einem solch »nostalgischen« Thema, bei dem wir sehr stark in die alte Zeit zurückversetzt werden, am Ende des Nachmittags/Abends wieder im »Heute«, im »Jetzt« zu landen. Es ist wichtig, nicht der Vergangenheit hinterherzutrauern, sondern zu sehen, was auch heute in der Gegenwart noch möglich ist (s. 4c).

Vielleicht haben Sie beim Blättern im Album jemanden entdeckt, mit dem Sie sich früher gut verstanden haben, und Sie fragen sich, was wohl aus der Person geworden ist. Warum nicht gleich in den nächsten Tagen einmal versuchen, die Adresse herauszubekommen und Kontakt aufzunehmen. Das könnte sehr spannend sein! Und vielleicht lässt sich auf diese Weise sogar eine alte Freundschaft wieder aufnehmen.

d) Preise

Lack- bzw. Oblatenbilder, kleine Kärtchen, Scherenschnittbilder

6. Gestaltungsideen

Legen Sie an jeden Platz auf einer Serviette ein kleines Lackbildchen. Sie können das gleich zur Gruppeneinteilung für ein Spiel nutzen, wenn Sie z.B. verschiedenfarbige Herzchen oder Blumen verteilen. Alle mit der gleichen Farbe oder Blume gehören nachher zu einer Gruppe.

Als Dekoration eignen sich neben Lackbildern Kärtchen, Scherenschnitte, Spitzen, Schleifen, Sticker: alle Dinge eben, die man früher oder heute zum Verzieren in ein Album geklebt hat oder immer noch klebt.

7. Vorschlag für den Stundenablauf

1. Begrüßung und kurze Einführung ins Thema
2. Lied EG 209, V. 1 + 2: Ich möcht', dass einer mit mir geht
3. Andacht und Gebet
4. Lied EG 209, V. 3 + 4

5. Spiel in Gruppen: Wer hat am schnellsten die Albumsprüche zusammengepuzzelt? (s. 5c)
6. Wir holen die mitgebrachten Alben heraus, schmökern darin und erzählen reihum, was uns dazu einfällt, z.B.:
   - Wie alt ist das Album?
   - Welche Erinnerungen verbinden sich damit?
   - Was ist mir aufgefallen, als ich es jetzt wieder zur Hand genommen habe?
   - Besondere Seiten zeigen

   Für diejenigen, die kein Album dabeihaben:
   - Was ist mit dem eigenen Album passiert?
   - Welche Erinnerungen gibt's daran?
   - Wie ging's Ihnen damit, dass Sie nie ein Poesiealbum besessen haben?
7. Kaffeetrinken
8. Allerlei Wissenswertes zum Thema (s. 4b)
9. Bewegungen und Sprechgesang (s. 5b)
10. Aktion »Poesiealbums-Erinnerungskarten« verteilen (s. 5c):
    - Einige Worte zum Thema Freundschaft (s. 4c; 5c)
    - Austeilen der Karten und unterschreiben
11. Lied: EG Regionalteil BEL, P 618; BT 602; Ö 617; R, RWL 644; W 608: Vergiss nicht zu danken dem ewigen Herrn

8. Literatur und Adressen

Bücher:

Karl Graak, Vergiss mein nicht, gedenke mein. Vom Stammbuch zum Poesiealbum, Bruckmann, München 1985

Ins Album schreib ich gern hinein. Reutlinger Poesiealben im Wandel der Zeit, hrsg. vom Heimatmuseum der Stadt Reutlingen, Reutlingen 1998 (kleiner, aber feiner Ausstellungskatalog)

Brigitte B. Fischer, Sie schrieben mir oder Was aus meinem Poesiealbum wurde, dtv 1992

Antoine de Saint-Exupéry, Der kleine Prinz, Karl Rauch Verlag, Düsseldorf

Internet:

www.meinpoesiealbum.de
(umfangreiche Sammlung von Sprüchen)

Das Leben ist (k)ein Puzzlespiel

1. Das Thema

Beim Thema »Puzzle« fallen einem vor allem die vielen Schachteln mit bunten Bildern ein, die oft hunderte von kleinen Teilen enthalten. Diese warten darauf, mit viel Geduld zusammengesetzt zu werden. Das Puzzle – nur ein Spezialthema also?

Wirft man einen gründlicheren Blick auf die Sache, lassen sich erstaunlicherweise viele Parallelen in unserem Alltag und in unserem Leben finden.

Ein Pfarrer machte vor einigen Jahren einen Besuch bei einer alten Frau in der Gemeinde. Die beiden kannten und verstanden sich, und am Ende des Gesprächs beteten sie miteinander. Auch die Frau ergriff das Wort. Sie fing an zu beten, und dabei gerieten ihre Gedanken, die Worte und Sätze ziemlich durcheinander. Als sie mit »Amen« geendet hatte, schaute die Frau den Pfarrer zuversichtlich an und meinte nur auf Schwäbisch: »Der Herr verliest's.« Was so viel bedeutet wie: »Der Herr sortiert's!«

Unser Leben erscheint uns immer wieder rätselhaft. Es gibt Ereignisse und Erlebnisse, die wir nicht verstehen und nicht einordnen können. Puzzlestücke, die keinen Zusammenhang zu haben scheinen. Manchmal erleben wir es nach einiger Zeit, dass eines sich zum anderen fügt und das bisher so Unverständliche Sinn macht. Manches bleibt aber auch unerklärlich. Wie gut, dass auch beim Durcheinander unseres Lebens feststeht: Der Herr sortiert's!

2. Assoziationen

a) Stichworte und Redewendungen

Puzzle kommt aus dem Englischen, bedeutet »Rätsel«, aber auch »Verwirrung« und »Kopfzerbrechen«.

Assoziationen:

Rätsel, Geduldsspiel, Zusammensetzspiel, vor einem Rätsel stehen, ein Rätsel lösen, jemandem ein Rätsel aufgeben, sich in Geduld fassen, etwas wie die Stecknadel im Heuhaufen suchen

Was es so alles an Puzzles gibt: von etwa 4 Teilen bis über 18 000; aus Holz, Karton oder Schaumstoff (3D-Puzzle); unterschiedlichste Motive; farbig, schwarz-weiß, ganz in Weiß, reliefartig, mit Metallic-Effekt, Nachtleuchtfarbe; rechteckig, rund, in Motivform (z.B. Delphin); aufeinander zu legende Scheiben, die z.B. einen Kopf ergeben; ausgestanzt entlang den Motivkonturen (v.a. Kinderpuzzle) oder mit Phantasieformen; Teile sind ganz unterschiedlich geformt, Würfelpuzzle (mehrere Würfel, jede Seite des Würfels gehört zu einem anderen Bild)

Puzzleähnliche Spiele: zerlegbare Würfel (Soma-Würfel), Steckpuzzle, Schiebespiel, Tangram (Mosaikspiel), Rubik-Würfel, Packspiele (verschiedene geometrische Formen müssen in einen Behälter gepackt werden), Teilungsprobleme (geometrische Formen werden in möglichst wenig Teile zerlegt, aus denen neue geometrische Formen entstehen), Brettspiel »Das verrückte Labyrinth«, Lego

Auch im täglichen Leben gibt es manches, das mit Puzzles Ähnlichkeit hat: Zum Beispiel Collagen, Mosaiken, Patchworkarbeiten, Quiltarbeiten, aber auch:

Hausbau: Stein um Stein wächst ein ganzes Haus.

Schreinerarbeiten: Aus verschiedenen Holzstücken wird ein Möbel.

Modellbau: Häuser, Flugzeuge etc., mit vorgefertigten Bastelpackungen oder nach eigenen Vorlagen, auch mit Streichhölzern.

Fliesenleger: Er legt von Berufs wegen »Puzzle«.

Archäologen: Alte Gebäude oder auch z.B. Dinosaurier werden aus einzelnen Teilen rekonstruiert.

Ahnenforschung

Krimi: Aus vielen einzelnen Beobachtungen ergibt sich ein Gesamtbild (es gibt übrigens auch Krimi-Puzzle).

Aufräumen: Alles findet wieder seinen richtigen Platz.

Ehe: Zwei Menschen ergänzen sich.

»Suchen. Und Finden«: Motto des Bibeljahres 2003. Darum geht's auch beim Puzzeln.

b) Worte aus der Bibel

In der Bibel spielt niemand Puzzle. Schließlich wurde dieses Spiel erst um das Jahr 1762 erfunden. Doch beim Puzzeln gibt es verschiedene Aspekte, verschiedene Leitmotive, die auch in der Bibel zu finden sind.

Motiv »Suchen und Finden«:

Mit den Begriffen »Suchen und Finden« ist eigentlich der Hauptinhalt des Puzzlespiels beschrieben. Einzelne Teile werden aus einem großen Haufen gesucht. Es ist jedes Mal ein Erfolgserlebnis, wenn das richtige Teil gefunden ist und in die Vorlage passt.

»Suchen und Finden« ist auch ein wichtiges Thema in der Bibel. Die zwei Gleichnisse vom verlorenen Schaf und dem verlorenen Groschen (Lukas 15,1-10) reden sehr anschaulich davon, wie Gott uns Menschen sucht und wie groß seine Freude ist, wenn ein verlorener Mensch zu ihm zurückfindet.

Weitere Stellen:

Hesekiel 34,16: »Ich will das Verlorene wieder suchen ...«

Lukas 19,10: »Der Menschensohn ist gekommen, zu suchen und selig zu machen, was verloren ist« (vgl. auch 2. Petrus 3,9).

Die Bibel redet außerdem davon, dass wir Menschen Gott suchen. Auf dieser Suche liegt eine große Verheißung:

Jeremia 29,13-14a: »Ihr werdet mich suchen und finden; denn wenn ihr mich von ganzem Herzen suchen werdet, so will ich mich von euch finden lassen, spricht der Herr …« (vgl. auch 5. Mose 4,29).

Matthäus 7,7: »... Suchet, so werdet ihr finden ...« (vgl. aber auch Jesaja 65,1; Sprüche 1,28).

Motiv »Das Bild soll vollständig sein, kein Teil soll fehlen«:

Wer ein Puzzlebild macht, möchte, dass das Bild zum Schluss komplett und vollständig ist. Kein Teil soll fehlen. Ähnlich ist es bei Gott: Er möchte allen Menschen helfen, keiner soll fehlen, keiner soll verloren gehen.

1. Timotheus 2,4: Gott »will, dass allen Menschen geholfen werde und sie zur Erkenntnis der Wahrheit kommen.«

Johannes 3,16: »Also hat Gott die Welt geliebt, dass er seinen eingeborenen Sohn gab, damit alle, die an ihn glauben, nicht verloren werden, sondern das ewige Leben haben.«

Verschiedene Stellen reden davon, wie Gott sein Volk aus der Zerstreuung sammeln und zurückbringen wird:

Jeremia 23,3: »Ich will die Übriggebliebenen meiner Herde sammeln aus allen Ländern, wohin ich sie verstoßen habe ...« (vgl. auch Jesaja 43,5ff; 56,8; Jeremia 32,37 u.a.).

Ähnliches gilt auch für alle Völker: Jesaja 66,18: »Ich ... komme, um alle Völker und Zungen zu versammeln ...«

Motiv »Aus vielen einzelnen Teilen wird ein Ganzes«:

Ein Puzzle besteht aus vielen Teilen. Aus den einzelnen Stücken, auf denen oft gar nicht viel zu erkennen ist, wird durch das Zusammenlegen ein ganzes, schönes Bild. Jedes Teil für sich allein genommen nützt nicht viel, aber im Zusammenspiel mit den anderen ist es sehr wertvoll. Jedes Teil ist anders und kann nicht einfach ersetzt werden.

Entsprechend verhält es sich auch bei dem neutestamentlichen Bild vom »Leib und den Gliedern«. Ein menschlicher Leib braucht viele verschiedene Glieder und Organe zum Leben. Keines kann alleine für sich leben. Ähnlich ist es in der christlichen Gemeinde: Jeder hat eine andere Aufgabe und Begabung und doch brauchen alle einander. Eine christliche Gemeinde besteht wie ein Puzzle aus vielen Menschen mit unterschiedlichen Aufgaben. Jeder wird gebraucht und erst im Zusammenwirken aller Teile entsteht ein Ganzes. 1. Korinther 12,12-31: Viele Glieder – ein Leib (ähnlich Römer 12,4-8; Epheser 4,16; Kolosser 2,19).

Weitere Assoziationen:

Volkszählung zur Zeit der Geburt Jesu (Lukas 2,1-2).

Psalm 56,9: »Zähle die Tage meiner Flucht, sammle meine Tränen in deinen Krug; ohne Zweifel, du zählst sie.«

Matthäus 10,30: »Nun sind auch eure Haare auf dem Haupt alle gezählt.«

1. Korinther 13,12: »Jetzt sehen wir nur ein undeutliches Bild wie in einem trüben Spiegel. Einmal werden wir Gott von Angesicht zu Angesicht sehen. Jetzt erkenne ich nur Bruchstücke, doch einmal werde ich alles klar erkennen, so deutlich, wie Gott mich jetzt schon kennt« (aus: Hoffnung für alle, Brunnen Verlag).

1. Petrus 2,5: Christen sind lebendige Steine eines geistlichen Hauses.

Offenbarung 21 und 22: Das neue Jerusalem ist die Vollendung der Stückwerke.

c) Lieder

Zum Thema »Puzzle« passen vor allem Lob- und Danklieder, bei denen es darum geht, in einen großen Chor mit einzustimmen (aus vielen Einzelnen wird ein Ganzes).

EG 250: Ich lobe dich von ganzer Seelen
EG 251: Herz und Herz vereint zusammen
EG 252: Jesu, der du bist alleine Haupt und König der Gemeine
EG 305: Singt das Lied der Freude über Gott (Vorschläge für das Singen als Bewegungslied finden sich in »Lachen und Schmunzeln ist gut gegen Runzeln«)
EG 408: Meinem Gott gehört die Welt ..., V. 2: ... keins fällt je aus Gottes Plan.
EG 511: Weißt du, wie viel Sternlein stehen
EG Regionalteil BEL, P 607; NB, OL 602; Ö 595; W 594: Herr, wir stehen Hand in Hand
EG Regionalteil BEL, P 609; BT 589; N 612; NB, OL 572; R, RWL 604; W 595: Ein Schiff, das sich Gemeinde nennt ..., V. 3: Ein jeder stehe, wo er steht, und tue seine Pflicht; wenn er sein Teil nicht treu erfüllt, gelingt das Ganze nicht.
EG Regionalteil BT 658; W 597: In Christus gilt nicht Ost noch West
EG Regionalteil BEL, P 597; BT, HN, KW 580; W 609: Dass du mich einstimmen lässt in deinen Jubel

Kreu zwor trätsel (Lied von Manfred Siebald, Zeitpunkte)
Halleluja! Lobet Gott in seinem Heiligtum (Singt das Lied der Freude, S. 40)

Die Geige beginnet, sie jubelt und klinget (bei diesem Lied kommen weitere gesungene »Instrumente« hinzu)
»Immer strebe zum Ganzen und kannst du selber kein Ganzes werden, als dienendes Glied schließ an ein Ganzes dich an.« (Text von Friedrich Schiller, Melodie von Armin Knab)
Wer will fleißige Handwerker seh'n (Stein auf Stein)

Kanons aller Art

Lieder wie z.B. »Mein Hut, der hat drei Ecken«, bei denen ein Wort nach dem anderen beim Singen weggelassen wird (das ist dann, wie wenn man ein Puzzle auseinander nimmt). Anschließend wird das »Puzzle« wieder zusammengesetzt und das Lied wieder Wort für Wort vervollständigt.

3. Andacht und Gebet

Ein Puzzle besteht aus vielen Teilen. Mal sind es nur 4 oder 10, mal 500, 1000 oder noch mehr. Bei den einfachen Kinderpuzzles für die ganz Kleinen ist jedes Motiv, jeder Gegenstand als Ganzes ein Teil. Und die Kinder müssen das ganze Stück, etwa einen Apfel oder ein Auto, nur an die richtige Stelle setzen. Sie kennen das sicher.

Anders ist das bei den Puzzles für größere Kinder und für Erwachsene. Hier wird das Bild willkürlich zerschnitten und auf den einzelnen Teilen ist nicht viel zu erkennen: ein paar Farben vielleicht, Striche, ein bestimmtes Muster. Dabei ist jedes Teil anders. Trotzdem nützt das Einzelstück für sich alleine nicht viel. Legt man es aber mit den anderen Teilen zusammen, dann entsteht wieder ein ganzes, schönes Bild. Und kein Teil sollte dabei fehlen.

Beim Puzzle ist jedes Teil anders und einzigartig. Aber erst durch das Zusammenlegen mit den anderen Teilen entsteht ein sinnvolles, ganzes Bild.

Ganz ähnlich ist es auch in anderen Bereichen unseres Lebens. Zum Beispiel in unseren christlichen Gemeinden. Und vielleicht hätte Paulus ja im Neuen Testament das Leben in der Gemeinde mit einem Puzzle verglichen, wenn es dieses Spiel schon damals gegeben hätte. Gepasst hätte dieser Vergleich gut. So aber hat Paulus nach einem anderen anschaulichen Bild gesucht. Und er hat es gefunden. Ein Bild, das viel Ähnlichkeit mit einem Puzzle hat.

Paulus vergleicht die Gemeinschaft der Christen mit einem menschlichen Körper, der aus vielen verschiedenen Körperteilen und Organen besteht. Augen, Ohren, Mund und Nase, Hände und

Füße, Lunge, Magen, Darm und Herz – und viele andere mehr. Sie sind untereinander höchstverschieden, sie sehen unterschiedlich aus und übernehmen vielfältige Funktionen und Aufgaben innerhalb des ganzen Körpers. Jedes ist anders. Aber alle gehören sie zu ein und demselben Körper. Und kein Organ, kein Körperteil kann sagen: »Ich bin anders. Ich bin Hand, nicht Fuß, also gehöre ich im Gegensatz zum Fuß nicht zum Körper.« Auch das Ohr kann nicht sagen: »Weil ich kein Auge bin, gehöre ich nicht dazu. Deshalb werde ich nicht gebraucht.«

Alle Teile sind wichtig. Auch die kleinen und unscheinbaren. Das merken wir an unserem eigenen Körper spätestens dann, wenn eines dieser Körperteile krank ist. Den Zehen an den Füßen etwa schenken wir keine allzu große Aufmerksamkeit, wenn sie ganz normal funktionieren. Ist aber ein Zeh entzündet oder gebrochen, wird das Gehen schmerzhaft und schwierig, und wir merken dann oft erst, welch gute und doch recht unbemerkte Dienste uns die Zehen leisten, wenn sie gesund sind.

Jeder Körperteil hat seine eigene Aufgabe. Und deshalb ist jeder wichtig. Und keiner ist einfach durch den anderen zu ersetzen. Auch in der christlichen Gemeinde ist das so.

Dieter Theobald erzählt in seinem Buch »Stets zu Diensten« augenzwinkernd eine Geschichte, die so vor vielen Jahren passiert sein könnte: In einer barocken Stadtkirche stand eine schöne, große Orgel. Sonntag für Sonntag kam der begabte Organist und spielte herrliche Stücke auf dem Instrument. Hinter der Orgel tat ein Junge seinen Dienst. Er trat den Blasebalg und sorgte dafür, dass die Orgelpfeifen die nötige Luft für die Töne des Organisten hatten. Vorne saß der Organist und spielte, hinten arbeitete der Blasebalgjunge. Eines Tages, als der Gottesdienst zu Ende war, unterhielten sich die beiden: »Herr, Organist«, sagte der Junge, »wir haben heute aber schön gespielt.« Etwas pikiert antwortete der Organist. »Wir haben gespielt? – Ich habe doch gespielt.« Der nächste Sonntag kam und wie gewohnt setzte sich der Organist an die Orgel. Er begann mit seinem Spiel. Nur – kein Ton kam aus den Pfeifen. Verwirrt schaute der Organist zu dem Jungen am Blasebalg. Der sah ihn spitzbübisch an: »Wer hat schön gespielt?«, fragte der Junge. Der Organist verstand sofort. Das Gespräch fiel ihm ein, das sie letzten Sonntag miteinander geführt hatten. Der Organist lächelte. »Wir haben schön gespielt«, antwortete er. »Wir beide.« Und wenige Augenblicke später ertönte ein herrliches Präludium.

Der Organist in dieser Geschichte brauchte den Blasebalgjungen. Ohne ihn gäbe es kein Orgelspiel. Aber natürlich brauchte auch der Junge am Blasebalg den Organisten. Ohne ihn gäbe es genauso wenig ein Orgelspiel. Jeder hat seine Gabe und Aufgabe. Der Organist musste jahrelang üben und lernen, bis er seinen Beruf ausüben konnte. Seine Aufgabe ist mehr im öffentlichen Blickfeld und oftmals bekommt er alleine die Anerkennung. Und doch war die Arbeit des Blasebalgjungen genauso wichtig, auch wenn er für seine Aufgabe nicht zur Schule gehen musste. Keiner ist etwas ohne den anderen. Jeder braucht den anderen.

So ist es auch in der Gemeinschaft unter Christen. Wir sind alle unterschiedlich. Jeder hat seine eigenen Begabungen und Aufgaben. Manche stehen dabei mehr im Scheinwerferlicht der Aufmerksamkeit, der Pfarrer etwa, der Organist oder Chorleiter, die Kirchengemeinderäte oder Jugendmitarbeiter. Und ihre Arbeit ist ja auch unbedingt nötig. Aber genauso wichtig sind auch die vielen anderen Aufgaben, die oft im Verborgenen getan werden und so unscheinbar scheinen.

Da gibt es Menschen, die mit ihrem Auto Fahrdienste übernehmen. Jemand trägt die Kassetten vom Gottesdienst aus. Eine backt gute Kuchen. Einer hat handwerkliche Fähigkeiten und ist zur Stelle, wenn an Kirche, Gemeindehaus oder bei Nachbarn etwas repariert werden muss. Manche sind kontaktfreudig, andere sind kreativ oder können humorvolle Gedichte schreiben. Es gibt Menschen unter uns, die gut zuhören können. Oder die mit einem freundlichen, verständnisvollen Wort anderen deren Probleme tragen helfen. Es gibt Frauen mit viel Sinn fürs Praktische. Andere haben organisatorische und pädagogische Fähigkeiten. Manche verbringen viel Zeit in der Fürbitte.

Jeder kann etwas. Das ist ganz sicher. Und niemand kann alles. Weil wir uns gegenseitig ergänzen, deshalb brauchen wir einander.

Weil unsere Gemeinde erst im Miteinander der unterschiedlichen Teile zu einem lebendigen, pulsierenden Leib wird, deshalb sollen wir füreinander da sein, nacheinander schauen. In Liebe füreinander sorgen. Gegenseitig unseren Glauben stärken. Mit unseren Gaben zum Aufbau der Gemeinde mitwirken.

Und letztlich geht bei allem darum, dass Gottes Liebe in unserer Welt durch uns erfahrbar, sichtbar wird.

Gebet:

Vater im Himmel,

Du rufst uns zu dir in deine Nachfolge, jeden Einzelnen von uns, und stellst uns damit gleichzeitig in die große Gemeinschaft aller Glaubenden und in die konkrete Gemeinschaft der Christen hier an unserem Ort.

Du hast jedem Einzelnen von uns Gaben gegeben. Auffällige Gaben oder auch mehr unscheinbare, vielleicht noch verborgene Gaben. Jeder kann etwas, jeder ist wichtig und jeden kannst du gebrauchen.

Wir bitten dich: Zeige du jedem, der noch auf der Suche nach seiner Begabung ist, was er ganz persönlich kann und wo er sich in der Gemeinde einbringen kann.

Lass uns liebevoll miteinander umgehen und nicht vergessen: Wir sind alle gleich wichtig, egal ob wir im Scheinwerferlicht der Aufmerksamkeit stehen oder nicht.

Wir bitten dich, dass immer wieder das Wunder passiert und deine Liebe durch uns in der Welt sichtbar wird.

Amen.

Quelle:
Dieter Theobald, Stets zu Diensten. Alles halb so schlimm, Brunnen Verlag 1999

Folgende *Lieder* passen zu dieser Andacht:

EG 253: Ich glaube, dass die Heiligen
EG 416: O Herr, mach mich zu einem Werkzeug deines Friedens
EG 420: Brich mit dem Hungrigen dein Brot

EG Regionalteil BT 648; HN, KW 630; NB, OL 604; Ö 643; W 638: Wo ein Mensch Vertrauen gibt

4. Materialsammlung zum Thema

a) Lebensbild: David Livingstone – Neue »Puzzleteile« für die Landkarte Afrikas

Puzzles und Landkarten haben vieles gemeinsam, denn das erste Puzzle entstand aus einer Landkarte. Das war irgendwann zu Beginn des 18. Jahrhunderts in Holland.

John Spilsbury war Kupferstecher und Kartenmacher in London, und er brachte die Puzzlesache so richtig in Schwung. Im Jahr 1762 nahm er eine Landkarte, klebte sie auf ein dünnes Mahagonibrett und sägte die verschiedenen Länder ihren Grenzen entlang mit einer feinen Säge aus. Nun hatte er statt einer kompletten Landkarte nur noch viele kleine Teile. Und die mussten die Schüler im Erdkundeunterricht wieder zur Landkarte zusammensetzen. Vermutlich machten sich die Schüler mit Begeisterung an die Arbeit. Auf diese Weise machte Erdkunde schließlich Spaß! Und so ganz nebenbei hatte John Spilsbury einem neuen Spiel zum Durchbruch verholfen: dem Puzzle. Es wurde in den letzten 240 Jahren zum beliebten Zeitvertreib von Jung und Alt.

Mit Landkarten hatte es auch David Livingstone zu tun. Aber die Landkarten seiner Zeit sahen ganz anders aus als die heutigen: Viele Gebiete der Erde waren noch nicht oder erst ansatzweise erforscht. Auch Afrika. Die äußeren Konturen des Kontinents kannte man schon sehr genau, auch die Küstengebiete waren bekannt. Aber wie es mittendrin in Afrika aussah, davon hatte man keine Ahnung. Afrika war wie ein großes Puzzle, bei dem viele Teile erst noch gefunden werden mussten. Manche Kartografen kaschierten diese weißen Flecken auf der Landkarte, indem sie wilde Bilder in die Karten hineinzeichneten. So fiel es nicht weiter auf, dass keiner wusste, ob hier Wald oder Wüste, Gebirge, Flüsse oder Seen zu finden waren. In der zweiten Hälfte des 19. Jahrhunderts machten sich viele Forscher auf, diese fehlenden Puzzlestücke zu finden. Und einer von ihnen war David Livingstone.

David Livingstone wurde am 19. März 1813 in Beautyre bei Glasgow (Schottland) geboren. Er hatte keine leichte Jugend. Seine ganze Familie lebte zu siebt in einem einzigen Raum. Bereits mit 10 Jahren musste er 12 Stunden am Tag und 6 Tage in der Woche in einer Baumwollspinnerei arbeiten. Trotzdem brachte David die Energie auf, abends nach der Arbeit noch die Schule zu besuchen und zu lesen. Manchmal klemmte er auch ein Buch über eine Maschine, die er zu bedienen hatte, und las neben seiner Arbeit immer wieder kleine Abschnitte. Mit 23 Jahren ging er nach Glasgow, um Medizin und Theologie zu studieren. Ursprünglich hatte Livingstone das Ziel, als medizinischer Missionar nach China zu fahren, doch der Opiumkrieg dort (1840-1842) verhinderte dieses Vorhaben. Dann begegnete Livingstone dem Afrikamissionar Robert Moffat, seinem späteren Schwiegervater. Livingstone änderte nun sein Ziel, und mit der Zustimmung der Londoner Missionsgesellschaft segelte er im Jahr 1840 nach Afrika. Am 15. März 1841 kam er kurz vor seinem 28. Geburtstag in Kapstadt im Süden Afrikas an. Von dort brach er zu einer Missionsstation weiter im Landesinneren auf.

Von Anfang an hatte Livingstone die Vision, dass Afrikaner selber anderen Afrikanern das Evangelium bringen sollten. Aber dazu musste sich das Verhältnis der verfeindeten Stämme zueinander verbessern. Damals gab es immer noch Sklavenhandel in Afrika, und immer wieder waren es auch die Afrikaner selber, die Angehörige anderer Stämme gefangen nahmen und verkauften. Livingstone dachte, dass der Sklavenhandel bald aufhören würde, wenn man den Afrikanern alternative Handels- und Verdienstmöglichkeiten anbot. Aber dazu mussten erst einmal Handelswege ins Innere Afrikas erforscht werden. In diesen elf Jahren, in denen Livingstone im Gebiet nördlich von Kapstadt arbeitete, machte er sich immer wieder zu kleinen Erkundungsreisen auf. Es kam ihm zu Hilfe, dass er nach etwa drei Jahren Mary Moffat heiratete. Sie war die Tochter des Missionars, den Livingstone schon in England kennen gelernt hatte und der bei vielen Afrikanern der weiteren Umgebung großes Ansehen genoss. Mary unterstützte die Arbeit von David und begleitete ihn so oft sie konnte auf seinen Reisen mit ihren gemeinsamen Kindern. Dann aber entschloss sich das Ehepaar im Blick auf die Entwicklung und Erziehung ihrer Kinder, sich für die nächste Zeit zu trennen. Mary und die vier Kinder reisten am 23. April 1852 nach Schottland, Livingstone blieb in Afrika zurück.

Bald darauf startete Livingstone seine erste große Expedition nach Norden ins Herz Afrikas. Von dort wandte er sich nach Westen und erreichte Luanda am Atlantischen Ozean. Schnell war klar, dass diese Westroute keinen geeigneten Handelsweg zwischen dem Atlantik und dem Sambesigebiet im Inneren Afrikas darstellte. Livingstone musste einen anderen Weg von der Küste ins Herz Afrikas finden. So machte er sich von Luanda auf den Rückweg, versuchte sein Glück mit der Ostroute und marschierte in 20 Monaten zum Indischen Ozean. Von dort reiste er nach England zurück. Unterwegs hatte er die imposanten Viktoriafälle entdeckt.

Am 19. November 1856 kam Livingstone in London an und wurde als Nationalheld gefeiert. Er war der erste Mensch, der Afrika von Westen nach Osten durchquert hatte. Die Geografen waren von Livingstones Heldentat begeistert. Und in der Tat entsprechen seine geografischen Aufzeichnungen auch noch heutigen Standards.

Livingstone hielt nun Vorträge und schrieb einen Bestseller über seine Erlebnisse in Afrika. Er und seine Frau Mary waren glücklich, dass sie wieder beieinander waren.

Doch noch immer gab es viele weiße Flecken auf der Landkarte, viele Puzzlestücke waren noch zu finden. Bereits Anfang 1857, nur wenige Wochen nach seiner Ankunft in London, wurde Livingstone mit einer zweiten Afrikaexpedition beauftragt und zum Konsul ernannt. Livingstone hielt es für sehr aussichtsreich, dass der Fluss Sambesi als Handelsstraße genutzt werden konnte. Dies galt es jetzt näher zu erforschen. Verschiedene andere Wissenschaftler begleiteten Livingstone im März 1858 auf diese Reise, auch einen Raddampfer hatten sie im Gepäck, den sie vor Ort in Afrika zusammenbauten. Mary und der jüngste Sohn Oswell begleiteten Livingstone nach Afrika. Doch Mary war wieder schwanger, so blieb sie am Kap zurück und kehrte später mit ihren zwei Kindern nach Schottland heim, ohne ihren Mann in der Zwischenzeit wieder gesehen zu haben.

Diese Expedition verlief nicht ganz spannungsfrei. Es zeigte sich hier etwas, was Livingstone bis an sein Lebensende begleitete: Er konnte mit Afrikanern viel besser umgehen als mit Europäern. Er verstand die afrikanische Mentalität, konnte sich gut in die Menschen hineindenken und hatte sehr viel Geduld mit ihnen. Die europäischen Mitglieder der Expedition erlebten Livingstone dagegen oft als schroff und jähzornig. Auch der erhoffte Erfolg auf die Entdeckung einer Wasserstraße erfüllte sich nur zum Teil. Der Sambesi war nur in Teilen schiffbar, immer wieder verhinderten Stromschnellen ein Weiterkommen. Dafür entdeckte die Expedition weitere Flusssysteme und Seen. Am 1. Februar 1862 schließlich kam auch Livingstones Ehefrau Mary wieder nach Afrika. Die Wiedersehensfreude aber war nur kurz. Mary fieberte bereits bei ihrer Ankunft und nur 3 Monate danach starb sie im Beisein ihres Mannes. Mit schwerem, traurigem Herzen führte Livingstone die Expedition zu Ende und kehrte im Sommer 1864 zu seinen Kindern nach England zurück.

Inzwischen glaubte ein anderer englischer Afrikaforscher, mit dem Viktoriasee die viel gesuchten Quellen des Nils gefunden zu haben. Allerdings war die Königliche Geografische Gesellschaft noch nicht so richtig von dieser Theorie überzeugt, und so beauftragte sie David Livingstone mit der Suche nach den Nilquellen und der Erforschung der Wasserscheide im Inneren Afrikas.

Am 13. August 1865 schiffte sich Livingstone zu seiner letzten Afrikareise ein. Er sollte nicht mehr lebend zurückkommen. Im Januar erreichte er die Insel Sansibar vor der Ostküste Afrikas. Von dort startete er seine schwierige Expedition. Kriegerische Auseinandersetzungen in den durchreisten Gebieten, ungünstige Wetterverhältnisse, gestohlene Vorräte und lange Krankheitszeiten machten ihm zu schaffen. Schließlich gelangte das Gerücht nach England, David Livingstone wäre gestorben. Auch der Verleger der Zeitung »New York Herald« erfuhr davon. Er witterte eine große Story und beauftragte Henry Morton Stanley, einen seiner Redakteure, damit, Livingstone zu suchen, und stattete ihn mit allen notwendigen Geldmitteln aus. Und tatsächlich: Am 3. November 1871 fand Stanley Livingstone schwer krank am Ufer des Tanganjikasees. Für Livingstone erschien Stanley, der alle seine Ausrüstung mit ihm teilte, wie der leibhaftige Samariter. Die beiden Männer verstanden sich ausgezeichnet und Stanley war von Livingstone fasziniert. Nach gut vier Monaten gemeinsamer Unternehmungen mussten sie sich wieder trennen: Stanley wollte zurück und der Welt von seiner Entdeckung berichten. Livingstone machte sich weiter auf die Suche nach den Nilquellen. Immer mehr geschwächt, hielt er bis zuletzt an seinem Vorhaben fest.

Am 1. Mai 1873 starb Livingstone im Alter von 60 Jahren. Das Nilquellenproblem allerdings konnte erst einige Jahre später endgültig gelöst werden. Henry M. Stanley entdeckte 1876 den Fluss Kagera. Ein gutes Jahrzehnt später war klar: Dies war einer der Quellflüsse des Nils.

Treue Diener Livingstones balsamierten seine Leiche und trugen sie viele hunderte Kilometer an die Ostküste. Von dort wurde sie nach London transportiert und am 18. April 1874 in der Westminster Abbey beigesetzt.

Quellen:
Pierre Marc/Jan Sovák, Mit Livingstone durch Afrika, bohem press 1993
Herbert Butze, Die Entdeckung der Erde, Bertelsmann Verlag 1962/1963
John Waters, David Livingstone – Der bekannte Afrikamissionar, Hänssler Verlag 1999

b) Wissenswertes: Puzzle – und kein Ende

Es gibt Erfindungen, die sind so einfach wie genial. So einfach, dass jeder einigermaßen kreative Mensch sich diese Sache hätte ausdenken können. Erfindungen, bei denen man sich deshalb wundern muss, dass sie nicht bereits viel früher gemacht wurden.

Mit dem Puzzle war das so. In Holland tauchten in der Zeit zwischen 1700 und 1725 die ersten drei Landkarten-Konturenpuzzles auf. So richtig in Schwung aber kam die Sache erst, als der englische Kartenmacher John Spilsbury im Jahr 1762 eine Landkarte auf dünnes Holz aufklebte und die Länder ihren Grenzen entlang aussägte. Die entstandenen Teile bot er nun als neuartiges Lehrmittel Schulen an. Und irgendwie schien die ganze Welt schon darauf gewartet zu haben. Seine Puzzles wurden ein voller Erfolg und bereits 1775 bot ein anderer Londoner Händler 63 verschiedene Motive zum Verkauf. Allerdings konnten nur betuchte Eltern ihren Kindern diesen vergnüglichen Lernspaß kaufen. Die handgesägten Puzzleexemplare kosteten ein Pfund, das entsprach dem Wochenlohn eines Geschäftsmannes. Bald kamen auch Erwachsene auf den Geschmack, und aus dem Lernmittel wurde ein Spiel. Es breitete sich bis ins 19. Jahrhundert immer mehr in England aus. In der zweiten Hälfte des 19. Jahrhunderts wurden auch der Kontinent und Amerika zunehmend mit dem Puzzlevirus infiziert. In Deutschland bot das Großversandhaus Bestelmeyer aus Nürnberg 1805 erstmals in seinem Katalog ein Puzzle an. Es bestand aus einer Landkarte, die in 32 Dreiecke zerschnitten war.

Die Erfindung der Wippsäge in dieser Zeit brachte das Puzzlespiel weiter voran. Nun konnten Puzzles noch besser hergestellt werden. Denn jetzt war es möglich, die einzelnen Teile so auszuschneiden, dass sie sich beim Zusammensetzen ineinander verzahnen und das fertige Bild besser zusammenhält (Interlocking-Schnitt).

Allerdings dauerte es noch bis in die Mitte der Sechziger Jahre des 20. Jahrhunderts, bis das Puzzle endgültig zum preisgünstigen Massenschlager wurde. Nun gab es Pressen, die mit mehreren Tonnen Druck mit einem Mal Puzzles mit mehr als 500 Teilen aus Karton ausstanzen konnten. Heute werden in Deutschland jährlich etwa 10 Millionen Puzzles verkauft. Bei der Firma Ravensburger begann die moderne Puzzleproduktion 1964, heute ist die Firma europäischer Marktführer auf diesem Gebiet. Auch das weltweit größte serienmäßig hergestellte Puzzle gibt's beim Ravensburger Spieleverlag: Es zeigt vier historische Landkarten, verteilt auf 18 240 Teile, und ist fast 9 kg schwer. Fertig ausgelegt nimmt es eine Fläche von über 5 qm ein. Wer dieses Bild zusammensetzen will, versteht vermutlich schnell, warum das englische Wort »Puzzle« nicht nur »Rätsel«, sondern auch »Verwirrung« und »Kopfzerbrechen« bedeutet.

Wer's lieber ein bisschen einfacher hat, der kann unter unzähligen Puzzlemotiven mit den verschiedensten Schwierigkeitsgraden und Extras wählen. Es gibt Puzzle in Schwarz-Weiß, mit Metalliceffekt oder mit Nachtleuchtfarbe, mit Reliefoberfläche und solche, die entlang der Motivkonturen ausgestanzt wurden. Dreidimensionale Puzzles sind ebenso im Angebot wie Puzzles, die man am Bildschirm zusammenstückeln kann. Übrigens werden Puzzles hauptsächlich als Geschenke gekauft und müssen deshalb Frauen ansprechen!

Puzzeln ist angesagt. Jung und Alt sind begeistert und fasziniert davon, wie aus dem riesigen Teilchenchaos nach und nach ein richtiges Bild wird. Es macht Spaß, etwas selber zu erschaffen. Vielleicht steckt ja auch der alte Wunsch der Menschen dahinter, die Welt zu verstehen und zu ordnen. Und beim Puzzeln ist der Erfolg schließlich garantiert. Entspannende Wirkung wird dem Puzzlespielen nachgesagt. Es kann alleine gespielt werden, aber auch in der Gruppe. Und auch Familien bringt das Puzzle an einen Tisch. Man spielt gemeinsam und es muss doch nicht jeder zur gleichen Zeit mitmachen. Ein Puzzlespiel versteht jeder, unabhängig von seiner Muttersprache, die Spielregeln sind denkbar einfach. Da bleibt am Schluss eigentlich nur noch eine Frage: Warum ist nicht schon viel früher jemand auf diese geniale Idee gekommen?

Quellen:

Erwin Glonnegger, Das Spiele-Buch, Drei-Magier-Verlag 1999

Pieter van Delft / Jack Botermans, Denkspiele der Welt, Heinrich Hugendubel Verlag 1980

Pressetexte der Firma Ravensburger AG

c) Erzählung: Keine Harmonie ohne die zweite Geige

Eines Tages interviewte man den berühmten Komponisten und Orchesterdirigenten Leonard Bernstein. Die letzte Frage schien sehr naiv zu sein: »Welches Instrument wird im Symphonieorchester am wenigsten gern gespielt?«

Verschmitzt lächelnd antwortete der Meister ohne zu zögern: »Die zweite Geige. Jeder möchte furchtbar gern die erste Geige spielen, und es gibt nur wenige, welche die gleiche Begeisterung und das gleiche Interesse für die zweite Geige aufbringen. Alle streben nur nach der Stellung des ersten Geigers, und nur wenige verstehen, wie wichtig der zweite Geiger ist. Die berühmtesten Orchester der Welt sind die, welche die besten zweiten Geiger haben – denn alle Orchester haben ausgezeichnete erste Geiger. Ohne die zweite Geige gibt es keine Harmonie!«

(Aus: Willi Hoffsümmer, Kurzgeschichten 5, 211 Kurzgeschichten für Gottesdienst, Schule und Gruppe, Matthias-Grünewald-Verlag, Mainz 1994)

d) Erzählung: Gesucht und gefunden – Eine fast unglaubliche Liebesgeschichte

Als ich an einem bitterkalten Tag auf dem Heimweg war, stolperte ich über eine Brieftasche, die jemand auf der Straße verloren hatte. Ich hob sie auf und sah nach, ob irgendetwas darin war, was auf den Eigentümer schließen ließ, damit ich ihn anrufen konnte. Was ich fand, waren drei Dollarscheine und ein Brief, der aussah, als wäre er schon seit Jahren darin gewesen.

Der Umschlag war zerschlissen und nur der Absender war noch lesbar. Als ich den Brief herausnehmen wollte, um nach einem Hinweis zu suchen, bemerkte ich die Jahreszahl 1924. Der Brief war vor fast 60 Jahren geschrieben worden.

Das blassblaue Briefpapier, das mit einer wunderschönen weiblichen Handschrift beschriftet worden war, hatte in der linken Ecke eine kleine Blume. In dem Brief wurde dem Empfänger, der offensichtlich Michael hieß, mitgeteilt, dass die Schreiberin ihn nicht länger treffen könne, da ihre Mutter es verboten hätte. Trotzdem, schrieb sie, würde sie ihn immer lieben. Unterschrieben war er mit Hannah.

Es war ein wunderbarer Brief, doch außer dem Anhaltspunkt, dass der Empfänger Michael hieß, gab es nichts, was dabei geholfen hätte, den Besitzer ausfindig zu machen. Vielleicht konnte ich die Auskunft anrufen und hören, ob es für den Absender auf dem Umschlag eine Telefonnummer gab.

»Fräulein«, sagte ich zu der Dame von der Vermittlung. »Meine Bitte ist ungewöhnlich. Ich versuche, den Besitzer einer Brieftasche ausfindig zu machen, die ich gefunden habe. Wäre es möglich, mir die Telefonnummer einer Adresse zu geben, die sich auf einem Umschlag befindet, der in der Brieftasche steckte?«

Sie riet mir, mit ihrer Vorgesetzten zu sprechen. Diese zögerte einen Augenblick, ehe sie sagte: »Nun ja, es gibt eine Telefonnummer für die Adresse, aber ich kann sie Ihnen nicht geben.« Immerhin erklärte sie sich bereit, die Nummer anzurufen, die Situation zu erklären und die Leute zu fragen, ob sie mit mir verbunden werden möchten. Ich wartete ein paar Minuten, ehe sie wieder an der Leitung war. »Ich habe eine Teilnehmerin, die mit Ihnen sprechen wird.«

Ich fragte die Frau am anderen Ende der Leitung, ob sie jemanden mit dem Namen Hannah kennen würde. Sie schien verblüfft zu sein. »O ja. Wir kauften das Haus von einer Familie, die eine Tochter namens Hannah hatte. Aber das ist 30 Jahre her.«

»Wissen Sie vielleicht, wo die Familie jetzt wohnt?«, fragte ich.

»Ich weiß noch, dass Hannah ihre Mutter vor ein paar Jahren in ein Altersheim bringen musste«, sagte die Frau. »Wenn Sie sich mit dem Heim in Verbindung setzen, können Sie die Tochter vielleicht ausfindig machen.«

Sie gab mir den Namen des Altersheims und ich rief dort an. Man sagte mir, dass die alte Dame schon vor Jahren gestorben sei, doch es gäbe eine Telefonnummer, über die man die Tochter eventuell erreichen könne. Ich bedankte mich und rief die Nummer an. Eine Frau antwortete. Sie erklärte mir, dass die Tochter inzwischen selbst in einem Altersheim wohne. *Jetzt wird mir die Geschichte langsam zu dumm,* dachte ich bei mir. Warum mache ich ein solches Aufheben um eine Brieftasche, die nur drei Dollar und einen Brief, der fast 60 Jahre alt ist, enthält?

Trotzdem rief ich das Altersheim an, in dem Hannah wohnen sollte, und der Mann am Telefon bestätigte mir, dass sie dort lebte. Es war schon 22 Uhr, doch ich fragte, ob ich vorbeikommen und kurz mit ihr sprechen dürfte. »Na gut«, sagte er zögernd, »wenn Sie es versuchen wollen. Es ist möglich, dass sie im Aufenthaltsraum sitzt und fernsieht.«

Ich bedankte mich und fuhr zu dem Altersheim. Am Eingang wurde ich vom Nachtpförtner und einer Nachtschwester begrüßt, die mich zur dritten Etage hinaufbegleitete. Es war ein großes Gebäude. Im Aufenthaltsraum stellte mich die Schwester Hannah vor.

Sie war eine zierliche alte Dame mit Silberhaar und einem Zwinkern in den Augen. Ich erzählte ihr, wie ich die Brieftasche gefunden hatte, und zeigte ihr den Brief. Als sie das blassblaue Briefpapier mit der kleinen Blume in der linken Ecke sah, holte sie tief Luft und sagte: »Junger Mann, dieser Brief war der letzte Kontakt, den ich mit Michael hatte.«

Für einen Augenblick wandte sie sich ab und überließ sich ihren Gedanken. Dann sagte sie weich: »Ich liebte ihn sehr, doch ich war damals erst 16, und meine Mutter war der Ansicht, dass ich zu jung wäre. Oh, er sah sehr gut aus. Er sah aus wie der Schauspieler Sean Connery. Ja, Michael Goldstein war ein wunderbarer Mensch. Wenn Sie ihn finden, sagen Sie ihm bitte, dass ich oft an ihn denke. Und ...«, sie zögerte einen Augenblick, als wollte sie sich auf die Lippen beißen, »sagen Sie ihm, dass ich ihn noch immer liebe.« Sie lächelte unter Tränen. »Sie müssen wissen, dass ich nie geheiratet habe. Wahrscheinlich konnte keiner je an Michael heranreichen.«

Ich dankte Hannah, verabschiedete mich und fuhr mit dem Fahrstuhl wieder nach unten. Als ich an die Tür kam, fragte der Nachtpförtner: »Na, konnte die alte Dame Ihnen weiterhelfen?« Ich erklärte ihm, dass sie mir einen Anhaltspunkt gegeben hätte. »Zumindest habe ich jetzt einen Namen. Aber ich denke, ich werde die Sache eine Weile ruhen lassen. Schließlich habe ich schon fast einen Tag damit verbracht, nach dem Besitzer der Brieftasche zu suchen.«

Ich hatte die Brieftasche herausgenommen. Sie war aus einfachem braunem Leder, das an den Seiten durch ein rotes Ledergeflecht zusammengehalten wurde. Als der Blick des Nachtpförtners darauf fiel, rief er: »Warten Sie mal, das ist doch die Brieftasche von Mr. Goldstein. Mit dem leuchtend roten Geflecht würde ich sie überall wieder erkennen. Er verliert sie dauernd. Ich habe sie mindestens schon dreimal im Flur gefunden.«

»Wer ist Mr. Goldstein?«, fragte ich. Meine Hand begann zu zittern. »Er gehört zur alten Garde und wohnt im achten Stock. Das ist garantiert Michael Goldsteins Brieftasche. Er muss sie verloren haben, als er spazieren ging.«

Ich dankte dem Nachtpförtner. Eilig ging ich zurück zum Büro der Schwester und erzählte ihr, was der Nachtpförtner gesagt hatte. Während wir zum Fahrstuhl gingen und hinauffuhren, betete ich, dass Mr. Goldstein noch wach sein würde.

Die Schwester auf der achten Etage sagte: »Ich glaube, er ist noch im Aufenthaltsraum. Er liest nachts gern. Ein reizender alter Herr.«

Wir gingen zu dem einzigen Raum, in dem noch Licht brannte, und fanden dort einen Mann, der in ein Buch vertieft war. Die Schwester ging zu ihm und fragte, ob er seine Brieftasche verloren hätte. Mr. Goldstein sah überrascht auf, fasste in seine Hosentasche und sagte: »Oh, sie ist nicht mehr da.«

»Dieser nette junge Mann hat eine Brieftasche gefunden, und wir fragen uns, ob es Ihre ist.« Ich übergab Mr. Goldstein die Brieftasche.

Sobald er sie sah, lächelte er und sagte erleichtert: »Ja, das ist sie. Sie muss mir heute Nachmittag aus der Tasche gefallen sein. Ich möchte Ihnen eine Belohnung geben.«

»Nein, danke«, sagte ich. »Aber ich muss Ihnen dazu etwas sagen. Ich habe den Brief gelesen, weil ich hoffte, dadurch den Eigentümer der Brieftasche zu finden.«

Das Lächeln verschwand von seinem Gesicht. »Sie haben den Brief gelesen?«

»Ich habe ihn nicht nur gelesen, ich glaube auch, dass ich weiß, wo Hannah ist.«

Sein Gesicht wurde blass. »Hannah? Sie wissen, wo Hannah ist? Wie geht es ihr? Ist sie noch immer so hübsch, wie sie es einmal war? Bitte, bitte erzählen Sie mir von ihr«, bettelte er.

»Es geht ihr gut. Sie ist noch genauso hübsch wie damals, als Sie sich kannten«, sagte ich weich.

Der alte Mann sah mich erwartungsvoll an. »Können Sie mir sagen, wo sie ist? Ich möchte sie morgen anrufen.« Er griff nach meiner Hand und sagte: »Wissen Sie, mein Herr, ich habe sie so sehr geliebt, dass mein Leben wortwörtlich zu Ende war, als ich ihren Brief bekam. Ich habe niemals geheiratet. Ich glaube, ich habe immer nur sie geliebt.«

»Mr. Goldstein«, sagte ich, »kommen Sie mit.«

Wir nahmen den Fahrstuhl zum dritten Stock. Die Flure waren dunkel und nur einige Nachtlichter erleuchteten unseren Weg, als wir zum Aufenthaltsraum gingen, wo Hannah saß und fernsah.

Die Schwester ging zu ihr hin. »Hannah«, sagte sie zart und wies auf Mr. Goldstein, der neben mir an der Tür wartete. »Kennen Sie diesen Mann?«

Sie rückte ihre Brille zurecht und blickte zu ihm hinüber, doch sie sagte kein Wort.

Michael redete weich, fast im Flüsterton: »Hannah, ich bin es, Michael. Erinnerst du dich noch an mich?«

Sie atmete tief. »Michael! Ich kann es nicht glauben! Du bist es wirklich. Mein Michael!«

Langsam ging er zu ihr hinüber und sie umarmten sich.

Als die Schwester und ich den Aufenthaltsraum verließen, hatten wir beide Tränen in den Augen. »Sehen Sie«, sagte ich. »Sehen Sie, wie Gott in seiner Güte arbeitet? Wenn etwas sein soll, geschieht es auch.«

Etwa drei Wochen später bekam ich einen Anruf aus dem Altersheim. »Können Sie sich am Sonntag freimachen, um an einer Hochzeit teilzunehmen? Michael und Hannah heiraten.«

Es war eine wunderbare Hochzeit, mit all den Bewohnern des Altersheims in ihrem besten Sonntagsstaat. Hannah sah in ihrem cremefarbenen Kleid wunderschön aus. Michael trug einen dunkelblauen Anzug und strahlte vor Stolz. Mich hatten sie zum Trauzeugen gemacht.

Das Altersheim gab ihnen ein gemeinsames Zimmer, und wenn Sie einmal erleben möchten, dass sich eine 76-jährige Braut und ein 79-jähriger Bräutigam wie Teenager benehmen, dann müssen Sie sich dieses Paar ansehen. Ein vollendeter Schluss für eine Liebesgeschichte, die fast 60 Jahre gedauert hatte.

(Arnold Fine, aus: Alice Gray & Barbara Baumgardner (Hrsg.), Die Nacht der Sternschnuppen und andere Geschichten, die das Herz berühren; Gerth Medien, Asslar 2002)

e) Erzählung und Bastelarbeit: Ein Schnitt, das Kreuz und ein Puzzlebild

Das englische Wort »Puzzle« bedeutet auf Deutsch so viel wie »Rätsel, Verwirrung, Kopfzerbrechen«. In der folgenden Geschichte wird einem gefangenen und zum Tode verurteilten Christen in Armenien eine Rätselaufgabe gestellt, die ihm einiges Kopfzerbrechen bereitet: Mit einem einzigen geraden Schnitt soll er aus einem Blatt Papier ein Kreuz ausschneiden. Wenn er die Aufgabe lösen kann, dann wird er seinen Hals retten. Schon im Mittelalter gab es solche »Halslösungsrätsel«. Sie wurden dem Straffälligen vom Gericht gestellt, und dieser wurde begnadigt, wenn er das Rätsel richtig lösen konnte.

Der Christ in der folgenden Geschichte löst seine Aufgabe mit einem »Puzzle« im weiteren Sinn: Alle Papierschnipsel eines Blattes werden zu einem tangramähnlichen Bild gelegt. Natürlich könnte man das Ganze auch wieder rückwärts machen und dann aus den Schnipseln wieder ein rechteckiges Blatt bekommen.

Ulrich Mack erzählt eine Geschichte:

Es geschah vor vielen Jahren. Genau gesagt im Jahr 1915.

In Armenien lebten nur wenige Christen. Sie hatten es schwer, denn die Mehrheit der Menschen waren Moslems, und die unterdrückten und verfolgten die Christen.

Eines Tages wurde ein Mann – nennen wir ihn Barak – verhaftet und eingesperrt. Er war für seine Klugheit und Freundlichkeit bekannt. Aber jetzt saß er in der Gefängniszelle.

»Wenn du ein Christ bist, musst du sterben« – so lachten ihn die Gefängniswärter aus. »Sag doch deinem Glauben ab, dann kommst du wieder raus!«

Aber Barak schüttelte nur den Kopf. Lieber wollte er sterben, als seinen Herrn Jesus verleugnen. Zu Hause hatte er ein Kreuz an der Wand hängen. Das war ein mutiges Zeichen. Aber Barak war es wichtig, dass er immer wieder erinnert wurde an das Leiden und Sterben Jesu. Jetzt hatte die moslemische Geheimpolizei dieses Kreuz gefunden. Dadurch kam Barak in die dunkle, feuchte Zelle.

Das Urteil wurde gleich am nächsten Tag über ihn gesprochen. »Wenn du nicht deinem Glauben an Christus abschwörst, dann musst du sterben!«, rief der Richter. »Schwörst du ab?«

»Nein«, antwortete Barak besonnen und klar.

»Dann verurteile ich dich zum Tod. Und« – so fügte der Richter verständnislos und verächtlich hinzu –, »und das alles wegen dieses lächerlichen Kreuzes. Wie kannst du, ein kluger und angesehener Mann, nur an einen Gekreuzigten glauben!?«

Barak entgegnete: »Ich glaube an ihn und der Gekreuzigte ist auch mein auferstandener Herr!«

Der Richter geriet in Wut und ließ Barak in seine Zelle abführen. Dort sollte er auf die Vollstreckung seines Todesurteils warten. Insgeheim aber hatte der Richter Achtung vor Barak bekommen. »Wer so mutig zu seinem Glauben steht, ist nicht zu verachten«, dachte er. Aber er konnte es nicht verstehen, warum jemand so hartnäckig an diesem seltsamen Kreuz hing. »Ein Schnitt – und sein Kopf ist ab. Und trotzdem lässt er sein Kreuz nicht los.« Ein Schnitt – und das Kreuz. Der Richter hatte ein Blatt Papier in die Hand genommen. Er fing an zu grinsen. »Ja«, sagte er leise zu sich selbst, »diesen Spaß gönne ich mir.« Er nahm das Blatt Papier mit, dazu eine Schere und eilte hinüber ins Gefängnis.

Barak war verwundert, als der Richter plötzlich in der Zelle stand. Seine Hinrichtung war doch erst für morgen vorgesehen.

Da erklärte ihm der Richter (und seine strengen Gesichtszüge waren einer listigen Miene gewichen): »Du riskierst, dass dir der Kopf mit einem Schnitt abgehauen wird. Und das nur, weil dir das Kreuz so wichtig ist. Ich gebe dir eine Chance. Hier hast du ein Blatt Papier, dazu eine Schere. Wenn du mir morgen früh zeigen kannst, wie man mit einem einzigen geraden Schnitt aus diesem Papier ein Kreuz schneiden kann, dann schenke ich dir das Leben. Entweder du schneidest aus diesem Blatt mit einem geraden Schnitt ein Kreuz. Oder ich lasse dir mit einem Schnitt den Kopf abhauen.« So verließ er die Zelle.

Barak begann zu grübeln. Ein Kreuz – mit einem Schnitt aus einem Blatt Papier geschnitten? Der Richter erlaubte sich wohl einen Scherz, machte sich über ihn lustig. Oder? Barak betete im Stillen, sah immer wieder das Blatt an, dachte stundenlang nach, begann das Blatt zu falten. Und dann – draußen tagte es schon – erhellten sich seine Gesichtszüge. »Ja, so muss es gehen«, murmelte er. Gespannt wartete er, bis sich die Zellentür öffnete und der Richter eintrat.

»Nun?«

»Sehen Sie, Herr Richter«, erklärte Barak, nahm das Papier, faltete es mehrmals, ergriff die Schere, tat einen einzigen Schnitt und faltete das Papier wieder auseinander. »Sehen Sie, Herr Richter: Hier ist das Kreuz, das Sie wollten. Aber nicht nur das Kreuz. Hier, diese beiden Teile bilden den Felsen Golgatha, auf dem das Kreuz stand. Hier sehen Sie den rechten, da den linken Verbrecher. Sie wurden mit Jesus gekreuzigt. Einer wendet sich Jesus zu, der andere von ihm ab. Dort ist der Speer des römischen Soldaten zu erkennen, der Jesus in die Seite stach. Und hier die Tafel, auf der das ›INRI‹ stand – und schließlich« – Barak zeigte auf die letzten beiden kleinen Papierstücke, die noch übrig waren – »sehen Sie hier die Würfel, mit denen die Soldaten um das Gewand Jesu würfelten.«

Alle Papierstücke hatte Barak zu einem Bild zueinander geordnet. Der Richter blickte den Gefangenen verblüfft an – und wies zu der offenen Tür. »Eigentlich wartet draußen dein Henker. Nur ein

Schnitt ... Aber der Schnitt deines Kreuzes hat dir das Leben zurückgegeben. Geh nach Hause.«

Und Barak ging zurück in sein Haus – und zu seinem Kreuz.

(Ulrich Mack, aus: Cornelia Mack (Hrsg.), Ideen für Ostern, © Copyright 1997 und 2003 by Hänssler Verlag, D-71087 Holzgerlingen)

Bastelarbeit:

Für das Basteln von »Baraks Kreuz« benötigen Sie ein DIN-A4-Blatt, das den Abbildungen entsprechend gefaltet wird. Zum Schluss wird das gefaltete Blatt der Länge nach in der Mitte durchgeschnitten.

Schritt 1

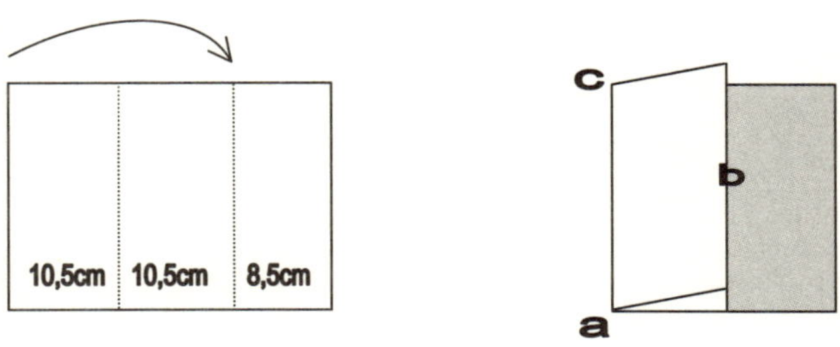

Schritt 2

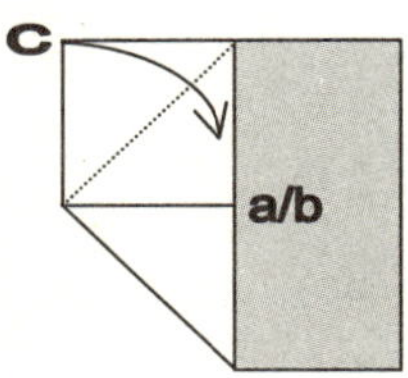

Schritt 3

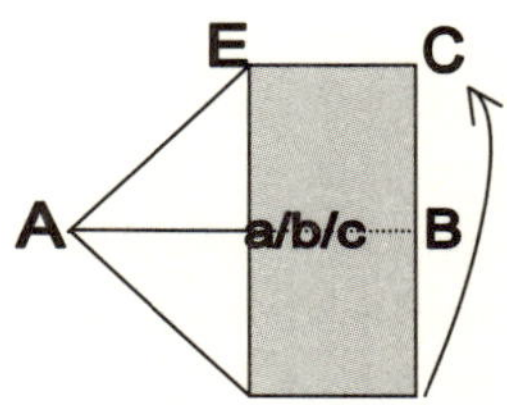

Schritt 4

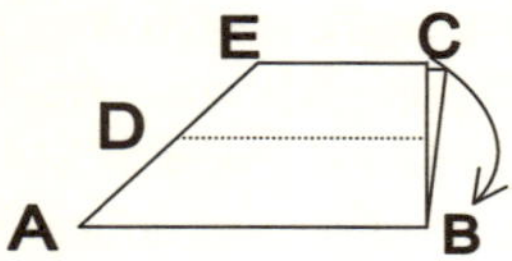

Schritt 5

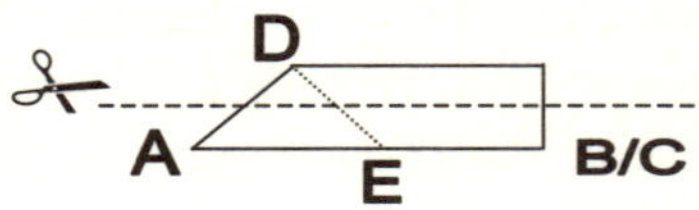

Beim Auffalten des Blattes entsteht ein Kreuz und sechs weitere Teile, die zu einer Kreuzigungsszene gelegt werden können.

1 Kreuz
2 Felsen von Golgatha, auf denen das Kreuz stand
3 Tafel mit der Inschrift »INRI«
4 Speer des römischen Soldaten, der Jesus nach dessen Tod in die Seite stach
5 Würfel, mit denen Soldaten um Jesu Gewand spielten
6 Verbrecher, der mit Jesus gekreuzigt wurde und der sich noch in seiner Todesstunde Jesus zuwandte
7 Verbrecher, der ebenfalls mit Jesus gekreuzigt wurde, und der noch am Kreuz über Jesus lästerte

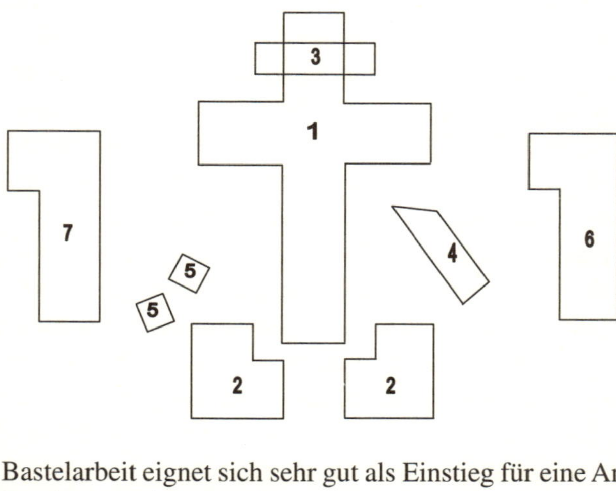

Diese Bastelarbeit eignet sich sehr gut als Einstieg für eine Andacht in der Passions- und Osterzeit.

Dann können Sie die Teile im Verlauf der Andacht auch noch auf folgende Weise anordnen und damit den tieferen Sinn von Jesu Tod verdeutlichen: Warum starb Jesus am Kreuz? – Er tat es aus LIEBE zu uns.

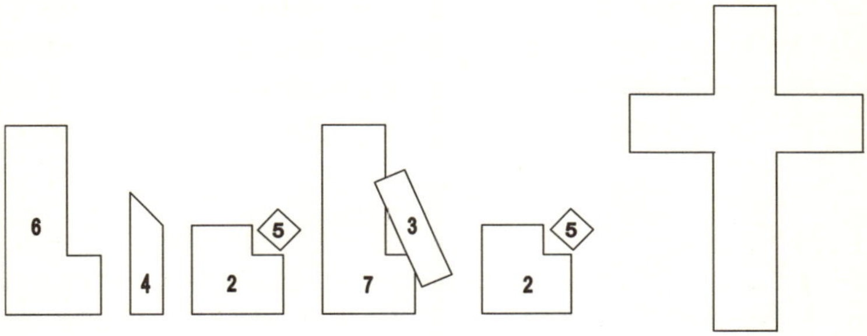

Quelle: Cornelia Mack (Hrsg.), Ideen für Ostern. Bastelanleitungen, Geschichten, Gedichte, Rezepte, Hänssler Verlag, Neuhausen-Stuttgart 1997

f) Kurioses und Heiteres

»Aus vielen Teilen ein Ganzes machen« – das ist das Motto des Puzzles. Aber nicht nur des Puzzles. Es gibt eine ganze Reihe von Spielen, die das gleiche Motto haben. Sie sind sozusagen die – weniger bekannten – Verwandten des Puzzles.

Eines davon ist das Mosaikspiel, und es ist etwa so alt wie die aus dem Orient stammende Kunstform des Mosaiks, nämlich 4000 Jahre. Heute beschäftigen sich allerdings fast nur noch Kinder mit dem Mosaikspiel.

Seit 1813 ist in Europa und Amerika das Tangram bekannt. Dieses Spiel ist im Blick auf seine Herstellung äußerst einfach, es besteht lediglich aus einem Quadrat (später auch aus Kreis, Herz, Ei etc.), das in sieben unterschiedliche Formen zerteilt wurde. Das Spielen selbst dagegen ist sehr anspruchsvoll: Aus diesen Formen werden nach Phantasie oder nach Vorlage die unterschiedlichsten geometrischen und figürlichen Formen gelegt. Sogar Napoleon hat an diesem Spiel Gefallen gefunden.

Eine besondere Herausforderung stellen »räumliche Puzzles« dar. Auch hier sind die unterschiedlichsten Grundformen vorgegeben, aus denen z.B. ein Würfel zusammengesetzt werden muss.

Beliebte Werbegeschenke sind Schiebespiele: In einem Rahmen befinden sich Plättchen, die so hin- und hergeschoben werden müssen, bis ein bestimmtes Bild oder ein Schriftzug zu erkennen ist.

Auch ein Pastor mit Namen H. K. Tiemann aus Brandenburg bekannte sich Ende des 19. Jahrhunderts zur Beschäftigung mit einem Legespiel. Er zog sich immer wieder ermüdet von den Plagen des Amtes zurück und erquickte sich, indem er schöne Muster aus den Steinen legte.

In den siebziger Jahren des 19. Jahrhunderts machte Amerikas größter Puzzle-Experte Sam Loyd die ganze Welt mit seinem neu erfundenen 14-15-Spiel verrückt. Es bestand aus 15 nummerierten Quadraten in einer Box für 16 solche Stücke, so dass man immer eines schieben konnte. Es ist nicht überraschend, dass die ganze Welt durch Loyds Spiel bis zum Wahnsinn getrieben wurde. Die Aufgabe, die er stellte, war nämlich unlösbar. Wenn man das Spiel kaufte, war das leere Feld rechts unten, und die Teile waren von links nach rechts und von oben nach unten durchnummeriert – nur die Zahlen 14 und 15 waren vertauscht. Die Aufgabe war, die richtige Reihenfolge herzustellen – mit Nutzung des leeren Feldes an der gleichen Stelle. Für das Kunststück wurden 1000 Dollar ausgesetzt; niemand beanspruchte den Preis. Eine Lösung gab es tatsächlich nicht. Es gibt in dem Spiel über 600 Billionen mögliche Anordnungen und ebenso viele unmögliche, und ausgerechnet eine solche forderte Loyd; man kann zwar die verlangte Reihenfolge herstellen, aber nur mit dem Leerfeld im linken oberen Eck!

(Beides aus: Delft/Botermans, Denkspiele)

Vom englischen Königshaus hört man, dass dort nicht nur viele Mitglieder puzzeln, sondern dass sogar im Wartezimmer des

Buckingham-Palasts ein großes Puzzle ausgelegt wurde, damit sich die Besucher die Zeit vertreiben konnten, bis sie zur Audienz gerufen wurden.

Ein Gastwirt in Johannesburg legte in seinem Schankraum ein 1.500-teiliges Puzzle für seine Gäste auf. Alle drei Wochen spendierte er ein neues Spiel. Dass das Puzzle nicht nur von geduldigen Einsiedlern geschätzt wird, zeigen allerlei Wettbewerbe.

So hat eine Mutter mit ihrem zehnjährigen Sohn in Aachen in 65 Minuten die 500 Teile eines Bildes zusammengefügt. Übertroffen wurde sie in Frankfurt am Main bei den Hessischen Puzzlemeisterschaften, wo eine Mutter mit Tochter in 17 Minuten 500 Teile des Frankfurter Stadtplanes schafften.

(Infos von Erwin Glonnegger)

Witz:

Tante Frida möchte ein besonders schwieriges Puzzle kaufen. Der Verkäufer ist schon völlig entnervt, denn keines der Puzzles, die er ihr zeigt, ist ihr schwierig genug. Schließlich platzt ihm der Kragen und er schlägt ihr vor: »Ich habe eine Idee: Kaufen Sie sich doch einfach eine Tüte Semmelbrösel und setzen Sie daraus ein Brötchen zusammen!«

(Aus: Sonja Hartl [Hrsg.], Witze-Wirbel,
Arena Verlag Würzburg 1995)

5. Unterhaltsames

a) Sketch: Das dreidimensionale Puzzle

Personen: Oma – Enkelin

Requisiten: Sofa, Tisch, Strickzeug, Schachtel mit Scherben

Die Oma sitzt auf dem Sofa und strickt. Die Enkelin kommt herein, setzt sich bequem zu ihr und schaut die Oma an.

Enkelin: Du, Omi, machst du eigentlich gerne Puzzles?

Oma: Puzzles? Wie kommst du jetzt bloß auf Puzzles? – Natürlich spiele ich gerne Puzzle. Das weißt du doch eigentlich.

Enkelin: Und Omi, wie viele Teile muss denn ein Puzzle haben, damit du es so richtig gerne spielst?

Oma: Du fragst heute aber auch Sachen. – Zu klein sollte das Puzzle nicht sein, sonst ist es zu leicht und man ist so schnell fertig. Aber wenn's zu viele Teile sind, dann braucht man so lange und verliert irgendwann die Lust. So ein Puzzle mit 1000 Teilen – das sind mir die liebsten. Nicht zu leicht und nicht zu schwer.

Enkelin: Omi, kriegst du denn ein so großes Puzzle auch hin, wenn du gar kein Bild hast, wo du siehst, wie es nachher aussehen muss?

Oma: Was du heute alles so wissen willst. – Aber ich denke schon, dass das geht. Bei 1000 Teilen – da brauche ich eben etwas länger. Dafür ist es richtig spannend, was nachher auf dem Bild zu sehen ist.

Enkelin: Omi, hast du eigentlich auch schon einmal ein dreimendonales Puzzle gemacht? So eines, das man rundherum von allen Seiten anfassen kann? Nicht nur so eines auf einem flachen Stück Karton.

Oma: Du meinst wohl ein dreidimensionales Puzzle, wo man nachher ein richtiges kleines Haus oder ein Schiff hat?! – Gemacht habe ich das noch nie. Aber ich denke, das könnte mir schon gefallen. Nur – diese Puzzles sind nicht ganz billig. Kürzlich habe ich eines im Kaufhaus gesehen. Das hatte nur 270 Teile und kostete 30 €. Und bei 1000 Teilen, da ist das ja noch viel teurer.

Enkelin: Omi, gell, da wäre es doch viel billiger, sich so ein dreimendonales Puzzle selber zu machen. Findest du nicht?

Oma: Ja schon, aber das ist ja viel zu schwierig. Bei einem flachen Bildpuzzle aus Karton, da könnte ich mir das vorstellen. Da müsste man ja nur ein Bild zerschneiden. Aber ein dreidimensionales Puzzle ...

Enkelin: Ach, Omi, das geht ganz leicht. – Eines habe ich dir sogar schon gemacht. Ich wusste nur nicht so richtig, ob es dir auch gefällt. Wenn du willst, mache ich dir auch noch mehr. Draußen im Schrank stehen noch ganz viele Modelle. *(Sie steht kurz auf, holt einen Karton und stellt ihn auf den Tisch.)* Schau, hier ist es.

Oma: *(Sie legt ihr Strickzeug weg, steht auf und schaut in die Kiste hinein. Sie nimmt ein paar große Scherben in die Hand und hält sie hoch.)* Aber – das ist doch meine beste Blumenvase!!! *(Die Oma lässt sich auf das Sofa fallen und schaut mit offenem Mund auf die Scherben in ihrer Hand.)*

Enkelin: *(strahlend)* Ja, Omi, ich habe dir ein 1000-Teile-Puzzle draus gemacht!! – Und ich hätte echt nicht gedacht, dass du vor lauter Freude so sprachlos bist!!!

Quelle: Susanne Fetzer

b) Bewegungslied

Der folgende Vers ist eine Abwandlung des Kinderlieds »Wer will fleißige Handwerker seh'n ...« und wird nach dieser Melodie gesungen. Der Text lautet:

Wer will schöne Puzzles seh'n,
der muss auf die Suche geh'n,
Teil um Teil, Teil um Teil,
das Puzzle wird bald fertig sein.
Teil um Teil, Teil um Teil,
das Puzzle wird bald fertig sein.

Wer will schöne Puzzles seh'n, – Beide Hände beschreiben ein Viereck, die Form eines fertigen Puzzles, in der Luft, oben beginnend, dann rechten Arm nach rechts unten, linken Arm nach links unten führen.

der muss auf	–	Augen mit der rechten Hand beschatten, wie man es tut, wenn man in die Ferne schaut. Den Hals und damit den Blick suchend von rechts nach links wenden (Lockerungsübung für den Nacken).
die Suche geh'n.	–	Dasselbe mit der linken Hand mit Blick von links nach rechts.
Teil um Teil, Teil um Teil,	–	Die Finger der rechten und linken Hand greifen abwechselnd nach »Puzzleteilen«: rechts – links, rechts – links und nach allen Seiten: Es ist so, als ob man die auf dem Tisch verstreuten Teile einzeln und Stück um Stück von ihren Plätzen aufheben würde. (Nähere Beschreibung: die vier Finger tippen dabei auf den Daumen, die Fingerspitzen zeigen nach unten oder auf den Tisch, wenn man an einem solchen sitzt.)
das Puzzle wird bald fertig sein.	–	Hände zeigen (mit der Handfläche nach oben) auf das »fertige Puzzle«, welches in der Phantasie vor einem liegt, und wiegen voller Stolz leicht hin und her.

Bewegungen: Vera Kern, Oberjettingen; Text: privat

c) Spiele

Wettpuzzeln: Machen Sie Gruppen von 3 bis 4 Frauen. Sie können diese Gruppen schon vorher »auslosen«, indem Sie zu Beginn auf jeden Platz ein Puzzlestück legen (dazu verschiedene Bilder entsprechend in 3 oder 4 Teile schneiden). Sie können jeder Gruppe für das Spiel ein kleineres Puzzle (bis zu 100 Teile) oder jeweils mehrere zerschnittene Postkarten (je Karte 6 Teile) geben.

Bilder-Rate-Spiel: Dazu brauchen Sie ca. 15 Vorlagen mit je einem Motiv für den Tageslichtprojektor. Als Motive eignen sich Alltagsgegenstände (z.B. aus Werbeprospekten), Bilder berühmter Personen, Cliparts vom Computer usw. Von diesen Bildern machen Sie Overheadfolien. Die Folien legen Sie zunächst verdeckt einzeln auf den Tageslichtprojektor. Nun ziehen Sie das Abdeckpapier langsam zurück, so dass Teil um Teil des Motivs zum Vorschein kommt. Es geht natürlich darum, den richtigen Gegenstand möglichst früh zu erraten.

Wörterpuzzle: Zerschneiden Sie Sätze, Gedichte oder Liedstrophen so, dass nur ein Wort auf jedem Zettel zu lesen ist. Jede Gruppe bekommt so ein »Puzzle« und muss nun den richtigen Satz etc. zusammensetzen.

Variation: Aus den Buchstaben eines Wortes (z.B. »Puzzlespiel«) müssen möglichst viele Wörter gebildet werden.

Gestalten Sie eine *Collage* zum Thema der Andacht (»Ein Leib – viele Glieder«).

Wenn Ihre Gruppe nicht zu groß ist, können Sie auch ein *Mosaikbild* miteinander gestalten. Zeichnen Sie vorab auf ein großes Blatt die Konturen eines (nicht zu komplizierten) Motivs, etwa einen zur Jahreszeit passenden Baum. Kennzeichnen Sie, welche Flächen welche Farben haben sollen. Im Frauenkreis können Sie nun aus Illustrierten passende farbige Schnipsel ausreißen und an den entsprechenden Stellen aufkleben.

d) Preise

Kleine Mini-Puzzles, Fotos in Puzzleform (z.B. von der Kirche, vom Ort, Gruppenbild, Bild vom letzten Ausflug; in Fotogeschäften erhältlich), Zucker in Puzzleform (den müssen Sie dann allerdings von einer Frankreichreise mitbringen, da er bei uns nicht erhältlich ist), Stückchen einer Schokoladentafel (alle einzelnen Stücke zusammen ergeben ein Ganzes).

6. Gestaltungsideen

Zerschlagen Sie einen Tontopf in größere Stücke und setzen Sie auf die einzelnen Teile kleine Teelichter. Mit etwas Efeu drum herum ergibt dies eine hübsche Tischdekoration.

Schreiben Sie auf eine Puzzlepostkarte (vom Schreibwarenhändler) Worte aus 1. Korinther 12,12-31 und verteilen Sie die einzelnen Puzzlestücke am Ende der Andacht als Symbol »Wir gehören alle zusammen«. Man kann sie z.B. gut zur Erinnerung im Geldbeutel aufbewahren.

7. Vorschlag für den Stundenablauf

1. Begrüßung
2. Lied EG 305: »Singt das Lied der Freude über Gott«
3. Einleitung zum Thema
4. Wissenswertes: Was gibt es für Puzzles? (Bringen Sie möglichst viele verschiedene Puzzles zum Zeigen und evt. Ausprobieren mit – normale Kartonpuzzles, Holzpuzzles, Kinderpuzzles, Würfelpuzzles, dreidimensionale Puzzles in unterschiedlichen Formen, Rubik-Würfel, Packpuzzles, Mosaikspiele, Tangrams, Schiebespiele – oder zeigen Sie Bilder und sagen Sie zu jedem ein paar Sätze; Infos: s. 2a; 4.)
5. Lied: »Die Geige beginnet, sie jubelt und klinget«
6. Wissenswertes zur Geschichte der Puzzles (s. 4b)
7. Frage- und Austauschrunde: Wo gibt's in unserem Leben Puzzle-Ähnliches?
   Was haben Sie mit Puzzles alles erlebt?
8. Bewegungslied: »Wer will schöne Puzzles seh'n ...« (s. 5b)
9. Bilder-Rate-Spiel (s. 5c)
10. Lied: EG Regionalteil BEL, P 597; BT, HN, KW 580; W 609: »Dass du mich einstimmen lässt in deinen Jubel ...«
11. Andacht

8. Literatur und Adressen

Literatur:

Erwin Glonnegger, Das Spiele-Buch, Brett- und Legespiele aus aller Welt. Herkunft, Regeln und Geschichte; Drei-Magier-Verlag, Uehlfeld 1999

Pieter van Delft/Jack Botermans, Denkspiele der Welt, Puzzles, Knobeleien, Geschicklichkeitsspiele, Vexiere; Heinrich Hugendubel Verlag, München 1997

Internet:

www.ravensburger.de

Knoten über Knoten

1. Das Thema

Es gibt viele Knoten in unserem alltäglichen Leben. Ohne Knoten würde vieles auseinander fallen, abhanden kommen oder zusammenbrechen.

Die Spannbreite ist groß: Mit einem Knoten kann man den Faden beim Nähen im Stoff befestigen, aber auch einem Gefangenen Fesseln anlegen. Knoten in der Krawatte sind dekorativ, Verkehrsknotenpunkte manchmal unübersichtlich, aber doch hilfreich. Ein »Knoten in der Zunge« ist äußerst lästig, ein Knoten in der Brust löst Ängste aus.

Und dann ist da noch Jesus Christus, der Fachmann fürs Knotenlösen, der uns von der Schuld-»Verstrickung« befreit.

2. Assoziationen

a) Stichworte und Redewendungen

Stichworte:

Verknoten, anknoten, knöteln (kleine Knoten sticken), schnüren, zusammenbinden, heften, stricken, häkeln, sticken, klöppeln, nähen, binden, verbinden, knüpfen, verknüpfen, flechten, schlingen, sich winden um, sich ranken um, sich ringeln um, anbandeln

Assoziationen:

Knoten unterschiedlicher Art mit eigenen Namen (z.B. Palstek, Slipstek, Schotstek), Seemannsknoten, krankhafte Knoten (z.B.

Haut, Brust), Krawattenknoten, Knotenpunkt, Knotenstock, Knöterich, Verknüpfung, Knüpfteppich, Knüpfkissen, Knüpfspitze, Verbindung, Bindung, Verflechtung, Geflecht, Flechtwerk, Verkettung, Maschenwerk, Draht, Gewebe, Strickliesel, Schlingpflanze, Schlinge, Schlingentisch, Schlaufe, Kordel, Freundschaftsbänder, Schnürsenkel, Schnürstiefel, Schnürband, Masche, Zöpfe, Lasso, Makramee, Fesseln, Schnur, Seil, Band, Faden, Tau, Leine, Strick, Strang, Schnürleib, Seilkünstler, Teppich, Gebetsteppich, Knoten als Frisur, Schuldverstrickung

Netz: für Fischfang, Einkaufsnetz, Haarnetz, Spinnennetz, Tornetz (und Netze bei anderen Sportarten), Baumnetz gegen Vogelfraß, Verkehrsnetz, Computer-Netzwerk, Vernetzung; Telefon: Ortsnetz, Stromnetz, Netzhaut, Netzhemd

Was man alles so ver- oder anknotet: Päckchen, Hund (und weitere Tiere), Drachen, Wäscheleine, Stauden/Blumen im Garten, Faden bei Näharbeit, Rollbraten, Saiten bei einem Instrument, Eimer am Brunnen zum Wasserholen, Absperrung, Gefangene; Schleifen: auf Geschenken, im Haar, zur Dekoration; Gardinen/Halstücher werden dekorativ verknotet

Knoten: Geschwindigkeitsmaß für Schiffe
Knotenblume (großes Schneeglöckchen)
Knotenwespe
Knotenschrift (s. 4h)
Bungeejumping
Olympische Ringe: 5 Kreise sind ineinander verschlungen
Netz: Name für Sternbild am südlichen Himmel
Orthodoxe Juden: binden sich kleine Kästchen mit Worten aus dem Gesetz auf die Stirn und um den Arm (Gebetsriemen)
Dreifußrennen: Paare laufen um die Wette, dabei sind bei jedem Paar zwei Füße zusammengebunden.
Knoten im Taschentuch (um sich an etwas zu erinnern)
Knoten in der Zunge
Knoten in Gras- und Getreidehalmen.

Redewendungen:

- bei jemandem platzt der Knoten
- den Gordischen Knoten durchhauen
- jemandem sind die Hände gebunden
- an jemanden gebunden sein
- sich einen Klotz ans Bein binden
- jemandem etwas auf die Nase binden
- sein Bündel schnüren müssen
- an ein Gespräch anknüpfen
- den Ball in die Maschen setzen
- zarte Bande knüpfen
- drum prüfe, wer sich ewig bindet
- jemand am Bändel haben
- durch die Bande des Bluts mit jemandem verbunden sein
- jemand die Schlinge zuziehen/um den Hals legen
- den Kopf aus der Schlinge ziehen
- sich in der eigenen Schlinge fangen
- nach dem gleichen Muster gestrickt
- dafür muss eine alte Frau lange stricken
- Netze auswerfen
- ins Netz gehen/locken
- jemandem durchs Netz gehen
- ohne Netz und doppelten Boden
- sich im eigenen Netz verstricken
- die Reißleine ziehen

»Wer nie in Banden war, weiß nichts von Freiheit.« (Jakob Bosshart)

b) Worte aus der Bibel

Es gibt zwei Geschichten in der Bibel, in denen verknotete Schnüre eine zentrale Rolle spielen:

Rahab beherbergt und versteckt in Jericho die israelitischen Kundschafter. Sie hilft ihnen zur Flucht, indem sie die beiden Männer an einem durchs Fenster gehängten Seil gehen lässt. Als Dank wird ihr und ihrer Familie Schonung bei der Eroberung der Stadt zugesagt. Als »Erkennungszeichen« soll sie das benutzte rote Seil ins Fenster knüpfen (Josua 2; 6,25).

Simson war ein Richter in der Zeit, als es noch keine Könige gab. Als Geweihter Gottes waren seine Haare noch nie geschnitten worden. Simson hatte riesige Kräfte. Delila, seine Geliebte, versuchte im Auftrag der feindlichen Philisterfürsten das Geheimnis seiner Kraft zu lüften. Dreimal führte Simson sie mit einer falschen Antwort an der Nase herum. (Richter 16,7: »Wenn man mich bände mit sieben Seilen von frischem Bast, die noch nicht getrocknet sind ...«; V. 11: »Wenn sie mich bänden mit neuen Stricken, mit denen noch nie eine Arbeit getan worden ist ...«; V. 13: »Wenn du die sieben Locken meines Hauptes zusammenflöchtest mit dem Aufzug deines Webstuhls und heftetest sie mit dem Pflock an ...«) Erst beim vierten Mal verrät Simson Delila, dass seine Kraft weichen wird, wenn er seinen Kopf kahl scheren würde (Richter 13-16; vgl. auch 15,10+13-14).

Die Bibel berichtet von Verschiedenem, das zusammen- oder angebunden wird. Sicher wurden dabei auch Knoten oder Schleifen benutzt:

Geld (2. Könige 12,11), Kleidung (2. Mose 28,7), Garben (1. Mose 37,7), Unkraut (Matthäus 13,30), Esel an einen Weinstock (1. Mose 49,11), Füllen an einer Tür (Markus 11,4), Faden um Hand eines neugeborenen Zwillings (1. Mose 38,28), ein Buch wird an einen Stein gebunden und im Euphrat versenkt (Jeremia 51,63), Gottes Wort wird auf die Hand und Stirn gebunden (5. Mose 6,8).

Aber auch Menschen binden oder werden gebunden: Abraham bindet Isaak (1. Mose 22,9), die drei Freunde Schadrach, Meschach und Abed-Nego werden gebunden in den Feuerofen geworfen (Daniel 3), ein Besessener befreit sich von seinen Fesseln (Markus 5,3-4), ein Leichnam wird mit Grabtüchern gebunden (Lazarus in Johannes 11,44; Jesus in Johannes 19,40; 20,7), Christen werden von ihren Verfolgern gebunden abgeführt (Apostelgeschichte 9,2).

Im übertragenen Sinn gebunden: Schuld wird zusammengebunden (Hosea 13,12), Krankheit bindet (Lukas 13,16), binden von schweren Bürden im Sinne von Vorschriften (Matthäus 23,4).

Unterschiedliche Netze wurden in biblischer Zeit für die Jagd von größerem Wild, zum Vogel- und Fischfang verwendet. Das Auswerfen oder Flicken der Netze spielt in verschiedenen neutestamentlichen Geschichten eine Rolle (z.B. Matthäus 4,18-22; Lukas 5,1-11; Johannes 21,6). Für die Herstellung der für die Netze benötigten Stricke oder Fäden wurden gedrehte oder geflochtene Pflanzenfasern, Tierhaare oder teilweise auch Hautstreifen verwendet. In Ägypten gab es bereits um 2600 v. Chr. Taue, die beim Bau der Pyramiden über verschiedene Vorrichtungen 15 t schwere Steine ziehen konnten (vgl. F. Nigel Hepper, Pflanzenwelt der Bibel, Deutsche Bibelgesellschaft 1992). Für Hocker wurden geflochtene Schnüre als Sitzfläche verwendet.

In biblischer Zeit trugen die meisten Menschen vermutlich Sandalen aus Leder oder Holz, eine flache Sohle, die mit Schnürriemen befestigt wurde. Die Israeliten trugen unten am Mantel Quasten, die mit Hilfe einer Schnur befestigt wurden (vgl. 4. Mose 15,38). Seile und Knoten wurden auch beim Joch und Pflug benutzt. Eine Schnur dient zum Messen (daneben ist der Messstab auch gebräuchlich; Jesaja 44,13; Amos 7,17). – Die beiden bekanntesten »Flechtwerke« der Bibel: geflochtene Feigenblätter bei Adam und Eva (1. Mose 3,7), Dornenkrone Jesu (Mattäus 27,29). Verzierungen: im Tempel: 7 geflochtene Reifen als Säulenverzierung (1. Könige 7,17); Zedernholz mit gedrehten Knoten (1. Könige 6,18).

Tempelreinigung: Jesus macht eine Geißel aus Stricken (Johannes 2,15). Der Satan wird für 1000 Jahre gefesselt (Offenbarung 20,2). Der Zauberer Simon war in Ungerechtigkeit verstrickt (Apostelgeschichte 8,23). Unser Schuldbrief wurde ans Kreuz geheftet (Kolosser 2,14).

Auch das »Gefangen-Sein«, etwa durch Schnüre gefesselt und verknotet, gehört zum Themenkreis »Knoten«. Immer wieder berichtet die Bibel von Gefangenen: z.B. Joseph (1. Mose 39,19ff), Manasse (2. Chronik 33,11), Jeremia (Jeremia 40,1), Jesus und

Paulus (Apostelgeschichte 21,27ff), Johannes der Täufer (Lukas 3,20), Silas (Apostelgeschichte 16,25), Petrus (Apostelgeschichte 12,1-17; aber auch Römer 7,23; 1. Korinther 6,12).

Fromme Juden tragen bis heute kleine Kästchen mit Worten aus der Thora, die mit Lederriemen am Körper befestigt werden: Eines wird an der Stirn getragen und im Nacken verknotet. Der Knoten hat dabei die Form des hebräischen D = ד. Ein weiteres Kästchen trägt man am linken Arm, befestigt mit einem Knoten in der Form eines hebräischen J = י. Der dazugehörende Riemen wird in der Form eines hebräischen SCH – ש um den Arm geschlungen. Die drei Buchstaben SCH-D-J = Schaddai ergeben dabei den Namen Gottes (5. Mose 6,8; vgl. J. A. Thompson, Hirten, Händler und Propheten; Brunnen Verlag 1999).

Eine kleine Auswahl passender Bibelstellen:

5. Mose 25,4: »Du sollst dem Ochsen, der da drischt, nicht das Maul verbinden.«

Psalm 18,5-6: »Es umfingen mich des Todes Bande, und die Fluten des Verderbens erschreckten mich. Des Totenreichs Bande umfingen mich, und des Todes Stricke überwältigten mich« (vgl. auch Psalm 116,3; Psalm 140,6).

Psalm 124,7: »Unsre Seele ist entronnen wie ein Vogel dem Netze des Vogelfängers; das Netz ist zerrissen, und wir sind frei« (vgl. auch Psalm 107,13-14; Psalm 25,15).

Psalm 126,1: »Wenn der Herr die Gefangenen Zions erlösen wird, so werden wir sein wie die Träumenden« (vgl. Psalm 146,7).

Psalm 147,3: »Er heilt, die zerbrochenen Herzens sind, und verbindet ihre Wunden« (vgl. Jesaja 61,1).

Prediger 4,12: »Einer mag überwältigt werden, aber zwei können widerstehen, und eine dreifache Schnur reißt nicht leicht entzwei.«

Jesaja 8,14-15: »Er wird ein Fallstrick sein und ein Stein des Anstoßes und ein Fels des Ärgernisses für die beiden Häuser Israel, ein Fallstrick und eine Schlinge für die Bürger Jerusalems, dass viele von ihnen sich daran stoßen, fallen, zerschmettern, verstrickt und gefangen werden.«

Hosea 11,4: »Ich ließ sie ein menschliches Joch ziehen und in Seilen der Liebe gehen und half ihnen das Joch auf ihrem Nacken tragen und gab ihnen Nahrung.«

Matthäus 13,47: »Wiederum gleicht das Himmelreich einem Netz, das ins Meer geworfen ist und Fische aller Art fängt.«

Matthäus 16,19: »Ich will dir die Schlüssel des Himmelreichs geben: Alles, was du auf Erden binden wirst, soll auch im Himmel gebunden sein, und alles, was du auf Erden lösen wirst, soll auch im Himmel gelöst sein.«

Galater 5,1: »Zur Freiheit hat uns Christus befreit! So steht nun fest und lasst euch nicht wieder das Joch der Knechtschaft auflegen!« (vgl. auch Johannes 8,36).

c) Lieder

EG 56: Weil Gott in tiefster Nacht erschienen …, V. 2: Bist du der eignen Rätsel müd?

EG 260: Gleichwie mich mein Vater gesandt hat ..., V. 1: ... den Gefangenen, dass sie los sein sollen ..., V. 2: ... den Zerschlagenen, dass sie frei sein sollen

EG 388: O Durchbrecher aller Banden

EG Regionalteil R, RW 680; W 604: Im Lande der Knechtschaft

EG Regionalteil W 627: Ich werfe mein Fragen hinüber, wie ein Tau von einem Schiff ans Land

Gib mir die richtigen Worte ..., V. 2: ... nimm mir das Netz vom Verstand (aus: Singt das Lied der Freude, S. 71)

Unser Mund, der ist voll Jubel ..., V. 3: ... du knüpfst das Liebesband (JN IV 1195)

Gott spannt leise feine Fäden (Die Fontäne in Blau, S. 142)

Der Halm, den der Wind in den Straßenstaub drückt (Die Fontäne, S. 28)

Danke, mein Vater, für alles, was du schenkst ..., V. 2: ... Fragen, die uns das Dasein stellt, V. 3: ... frei machst von den Zwängen ... (JN IV 945)

Jeder knüpft am eignen Netz (Die Fontäne in Blau, S. 214; dazu gibt es auch einen Tanz, S. 215)

Im schönsten Wiesengrunde ..., V. 2: Wie Teppich reich gewoben ...
Die alte Gumbie-Katze (Musical Cats)
Ännchen von Tharau ..., V. 2: ... soll unsrer Liebe Verknotigung sein, V. 3: ... mein Leben schließt sich um deines herum!

3. Andacht und Gebet

»Knoten« sind das Thema des heutigen Nachmittags. Und wenn wir daran denken, fallen uns die unterschiedlichsten Bilder dazu ein. Es gibt sehr viel Positives, das sich mit dem Wort »Knoten« verbinden lässt. Aber es gibt auch negative, beschwerliche Dinge, die mit »Knoten« im Zusammenhang stehen.

Positiv ist zum Beispiel, dass man zwei Seile, Schnüre oder Fäden zusammenknoten und somit um einiges verlängern kann. Beim Nähen machen wir am Ende des Fadens einen Knoten, damit der Faden im Stoff hält und nicht durchflutscht. Ein Teppich besteht aus tausend und abertausend Knoten. Wenn hier ein einzelner Faden nur lose durch das Gewebe durchgezogen wäre, würde er sich beim Ausklopfen des Teppichs schnell lösen oder vom Staubsauger herausgezogen werden. Manche von Ihnen kennen sicher auch Makramee. Schöne Blumenampeln oder andere Handarbeiten werden hier aus vielen unterschiedlichen Knoten hergestellt.

Und überhaupt: Wie gut ist es, dass wir manches festknoten können:

- den Hund an die Leine, damit er nicht davonspringt oder beißt.
- die Wäscheleine am Haus oder am Wäscheständer. Ein kräftiger Knoten verhindert, dass die Leine mitsamt der Wäsche runterfällt.
- den Drachen an der Schnur. Wie enttäuscht sind die Kinder, wenn die Schnur oder der Knoten nicht hält und der Wind den Drachen auf Nimmerwiedersehen davonträgt.

- Pakete verschnüren wir, damit sie nicht aufgehen und der Inhalt sicher seinen Bestimmungsort erreicht.
- Ein Schiff wird mit einem Knoten an der Mole festgemacht. Gerade die Seeleute kennen viele verschiedene Arten von Knoten.

Darüber hinaus macht sich mancher einen Knoten ins Taschentuch, um sich später an etwas Bestimmtes zu erinnern. Und bei wem »der Knoten geplatzt ist«, der hat etwas Bestimmtes begriffen, dem ist ein Licht aufgegangen.

Aber es gibt auch Knoten, die uns stören und ärgern, die uns das Leben schwer machen.

- Wer beim Nähen nicht nur am Ende des Fadens einen Knoten hat, sondern auch mittendrin, der ärgert sich. Denn nun kommt man nicht mehr richtig durch den Stoff hindurch.
- Genauso ist es beim Stricken: Wie ärgerlich ist es, wenn da plötzlich ein Knoten in der Wolle ist oder gar der ganze Wollknäuel zu einem riesigen, fast unentwirrbaren Knoten wird.
- Manch einer hat auch schon erlebt, dass er einen »Knoten in der Zunge« hat, wenn er vor Aufregung oder vor Schreck keine Worte findet oder wenn er sich einfach nicht traut, etwas zu sagen.
- Und ganz besonders schlimm ist für uns Frauen, wenn der Arzt uns mitteilt: »Sie haben einen Knoten in der Brust.« Das erschreckt uns zutiefst und lässt große Ängste aufkommen, auch wenn sich dieser Knoten später als harmlos entpuppen sollte.

Knoten sind also manches Mal hinderlich und störend und dann wieder sehr nützlich und hilfreich. Und es gibt auch Knoten in einem übertragenen Sinn. Dinge in unserem Leben, die wir mit diesem Bild des Knotens gut beschreiben können. Wenn etwa ein Problem so schwer zu lösen ist wie ein festgezurrter Knoten. Oder wenn wir von einer Sache nicht loskommen und es scheint, als wären wir fest mit ihr verknotet.

Und wir verstricken uns immer wieder in Schuld. Wir tun anderen Menschen weh und bleiben ihnen unsere Liebe schuldig. Manche Beziehung erleidet dadurch Schaden, und wir wissen nicht, wie wir den lästigen Knoten wieder lösen können. Oder wir haben an einer Stelle die Unwahrheit gesagt und uns nun mehr und mehr in ein ganzes Gewirr von Lügen verstrickt, in dem wir gefangen sind und aus dem wir nicht mehr herausfinden. Wie gut ist es da zu wissen: Für alle Knoten der Schuld, für jegliche Art der Schuldverstrickung gibt es einen absoluten Fachmann im Knotenlösen: Jesus Christus, der sich ans Kreuz fesseln ließ, damit wir ganz und gar frei werden können.

Aber in unserem Leben gibt es auch noch ganz andere Knoten. Es sind Leiderfahrungen, die uns fast den Atem abschnüren. Sie alle kennen sicher solche Erlebnisse. Wenn z.B. plötzlich und völlig unvermittelt eine schwere Krankheit über uns oder einen unserer Familienangehörigen hereinbricht. Wenn ein Kind auf die schiefe Bahn gerät und wir es nicht verhindern können. Wenn ein geliebter Mensch stirbt. Da ist es dann, als wäre unsere Brust verknotet und wir bekommen scheinbar keine Luft mehr. Und wenn der erste Schock, die erste Trauer vorüber ist, bleiben die Fragen: Warum musste das passieren? Hätte ich es nicht verhindern können? Was hat das alles für einen Sinn?

Diese Fragen sind wie Knoten, die wir immer und immer wieder zu lösen versuchen. Wir zermürben uns in Gedanken, und in den meisten Fällen bleiben diese Knoten doch unlösbar. Jedes Leben hat mehr oder weniger solche Verknotungen, solche Leiderfahrungen. Wir werden viele dieser Knoten nicht lösen können. Aber wir dürfen sie Gott anvertrauen. Dann brauchen uns die Knoten nicht mehr zu erschrecken, dann können wir sie vielleicht sogar annehmen.

Ein Blick in die Natur kann uns hier zu einem neuen Verständnis helfen.

Gräser und Getreidehalme haben etwa alle 10-20 cm einen Wachstumsknoten. Diese Verdickung sieht vielleicht nicht besonders schön aus. Aber sie ist für den Halm von entscheidender Bedeutung, da sich hier das Wachstum hauptsächlich abspielt. Der Halm ist stabil und kann im Wind schwanken, ohne zu knicken. Geschieht es dann aber einmal doch, durch Sturm oder Hagelschlag, dass der Halm umknickt und am Boden liegt, so wächst er trotzdem weiter. Der Knoten, der am Boden liegt, hilft dem Grashalm, sich wieder nach oben aufzurichten und von neuem der Sonne entgegenzuwachsen.

Das kann auch für uns ein hilfreiches Bild sein: Wie der Halm sollen wir uns immer wieder nach oben ausstrecken, zu Gott hin. Er ist die Sonne, die unser Leben wachsen und gedeihen lässt. Und wie bei dem Halm, so können die Knoten auch unserem Leben mit der Zeit innere Festigkeit und Wachstum bringen.

Die Knoten in unserer Lebensgeschichte können so für uns auch zu Erinnerungsknoten werden: Sie erinnern uns an die Durchhilfe und Begleitung Gottes, die wir bisher erfahren haben. Und sie erinnern uns daran, dankbar zu sein für die Zeiten, in denen es uns gut geht und alles glatt läuft.

Gebet:

Vater im Himmel,

du hast deine Schöpfung wunderbar gemacht. Auch die Gräser und Getreidehalme sind ein Wunderwerk aus deiner Hand. Kein Architekt hätte es sich besser ausdenken können. Wir danken dir, dass wir auch an diesen Getreidehalmen manches lernen können: Halme haben Knoten, und auch in unserer Lebensgeschichte gibt es Erfahrungen und Erlebnisse, die uns wie unlösbare Knoten erscheinen.

Hilf uns, diese Knoten aus deiner Hand anzunehmen. Erinnere uns immer wieder daran, nicht bei unseren leidvollen Erfahrungen stehen zu bleiben, sondern uns wie die Getreidehalme nach oben auszurichten, zu dir zu blicken und zu dir hinzuwachsen. Wir danken dir, dass du unsere Lebenssonne bist, die in unser Leben Liebe und Vergebung bringt.

Amen.

Quelle:

Stundenbilder für die Frauenarbeit, hrsg. von E. Diehl, B. Blunck, G. Strauch, R. Brockhaus Verlag 1992

4. Materialsammlung zum Thema

a) Lebensbild: Gorch Fock – Ein Mann, der die See liebte

Wer heute auf der Gorch Fock Dienst tut, muss viele Knoten kennen. Seit 1958 fährt das Segelschulschiff mit diesem Namen im Dienst der deutschen Marine durch die Weltmeere. Unzählige Offiziere wurden seither hier ausgebildet, und ganz sicher haben sie auch gelernt, unterschiedliche Seefahrer-Knoten zu machen.

Von einer Fahrt auf solch einem riesigen Segelschiff konnte der Dichter Gorch Fock nur träumen. Geboren wurde er am 22. August 1880 auf der Insel Finkenwerder bei Hamburg. Ein Leben auf See war ihm zunächst verwehrt.

Martin Haug berichtet über ihn:

Wohl wollte der Vater Heinrich Kinau, Fischer auf Finkenwerder, aus seinem ältesten Sohn Johann, wie Gorch Fock eigentlich hieß, einen Fischer machen; wohl war der Junge ein toller und verwegener Bub, dem kein Baum zu hoch war, kein Graben zu breit; wohl machte er kühne Fahrten mit seinem Kahn, aber – nach der Konfirmation zeigte es sich, dass er nicht seefest und stark genug für den harten Beruf eines Seefischers war.

Der kluge, aufgeweckte Junge, der immer der Erste in der Schule gewesen war, musste in seinem 15. Lebensjahr Krämerlehrling bei einem Onkel in Geestemünde werden und hatte von 6 Uhr morgens bis 10 Uhr abends ununterbrochen im Laden zu arbeiten und danach noch Bier und Brot in der Wirtschaft auszugeben, die mit dem Laden verbunden war. Sein lebhafter Geist verlangte nach Büchern und Weiterbildung, indessen er Erbsen, Zucker, Mehl und andere Dinge für die Seefischer abzuwiegen hatte. Als die Mutter endlich den Onkel dazu brachte, dass der Lehrling die Handelsschule in Bremerhaven besuchen durfte, war dieser voll Glück. Er holte in sechs Monaten ein, was andere in eineinhalb Jahren gelernt hatten, und bekam in allen Fächern »sehr gut«. Nach drei Jahren kam er sodann als Buchhalter nach Meiningen; hier tat sich ihm eine neue Welt auf. Er hat in der Folgezeit noch in verschiedenen Firmen gearbeitet, bis er 1907 seine Anstellung bei der großen Hamburg-Amerika-Linie fand.

Johannes Kinau – Gorch Fock – war ein tüchtiger Buchhalter; aber in seinem Herzen lebte die alte Liebe zur See unauslöschlich weiter. Er hatte schon als Junge gerne Bücher gelesen. Mit Macht zog es ihn auch ins Theater. Er sparte und sparte, damit er recht oft ins Theater konnte. Es reifte in der stillen Arbeit der nächsten Jahre der Dichter in ihm zur Selbständigkeit heran. Die Heimat wurde Mittelpunkt seines Denkens und damit seines Schreibens. Die Heimat ist der Schauplatz all der vielen Kurzgeschichten, die er ersann; und er schrieb sie in der heimatlichen Mundart, dem Hamburger Platt. Finkenwerder und die deutsche Nordsee hatten damit in ihm ihren Dichter gefunden. (...)

An der Mutter hatte Gorch Fock als Junge die Stärke eines kindlichen Gottvertrauens gesehen. Wenn der Sturm brauste und der Vater auf See war, fand sie im Glauben, dass Gott auch über das wilde Meer gebieten kann, immer wieder Hilfe und Ruhe. Wenn der Vater mit der Fischerei Unglück hatte und das Geld knapp war, wenn Sorgen der Mutter das Herz schwer machten, so flüchtete sie sich mit ihrer Not zu Gott. Sie lehrte auch ihre Kinder beten. Als einmal wieder viel Krankheit im Hause war und der Vater nicht zur See konnte, schrieb die Mutter dem Sohn: »Aber der alte Gott lebt ja noch, der verlässt niemanden. Auf ihn wollen wir hoffen und vertrauen.« Sie nahm auch bei dem Zwanzigjährigen als selbstverständlich an, dass er bete.

Als aber der Dichter in Gorch Fock erwacht war und er sich seiner Gaben bewusst zu werden begann, kam er in ein schweres Ringen um das rechte Verhältnis zwischen der Kraft des Menschen und der Allmacht Gottes. »Du sollst zu stolz sein, Gott zu rufen, wenn du noch nicht am Ende deiner Menschenkräfte bist!« Er empfand es als unmännlich, wenn der Mensch Gott mit seinen Bitten in den Ohren liege. »Was man selbst tun kann, das dürfen wir Gott nicht überlassen. Wo fängt Gott an? Genau dort, wo meine Kräfte erlahmen, nicht vorher. Er hilft nur, wo ich zu Ende bin!« Er ist aber ehrlich genug einzugestehen, wie schnell es so weit kommen kann:

»Komme ich an meine Grenzen – und eine durchwachte Nacht kann mich schon dahin bringen, auch ein Sturm vermag es schon –, dann steigt Er ernst und gewaltig vor mir auf, und ich fühle seine Hände.« In Notstunden findet er es nicht unmännlich, zu Gott zu rufen, sondern meint: »Es liegt Größe darin, dass der Mensch in der tiefsten Not Gott anruft, Gott, das heißt, das Scheueste, Heiligste, was in seiner Seele lebt. Dass er seine Ohnmacht erkennt und seinen Stolz fahren lässt.« Gorch Fock stand damals immer noch unter dem bestimmenden Einfluss seiner christlichen Erziehung. Aber es wird ihm von Jahr zu Jahr schwerer, einen leidenden Gott mit dem Glauben seiner Seele in Einklang zu bringen. Er, der keinen milden Gott, sondern einen Feuer sprühenden Donnerer sucht, fühlt sich jetzt gewaltig zu dem kraftvollen Germanenglauben hingezogen. Er, der das heitere Lachen liebt, der dahin kommen will, dass jeder Tag ein »Sonntag im Gemüte« sei, hat offenbar ein Christentum kennen gelernt, das wenig von der echten Freude weiß, von der die Frohbotschaft Christi so voll ist.

Dazu kommt, dass Gorch Focks schönheitshungrige Seele immer tiefer in die Offenbarung Gottes in der Natur eindringt: »Auf den Bergen ist leichter zu beten als in den Kirchen.« Hat nicht Gott dort Tausende und Abertausende herrlicher Wohnungen? Da sind die Kirchen nicht nötig.

Eine gewaltige Förderung erhielt sein germanischer Glaube durch eine Hapag-Norwegenfahrt, an der er im Jahre 1913 teilnahm. Die nordischen Alpen, die mit ihren steilen Felswänden aus den Fjorden so hoch aufsteigen, wie das klare Wasser tief ist, machten einen unbeschreiblichen Eindruck auf ihn. Diese Fahrt nach Norwegen ist die Krone seines Naturerlebens gewesen, und »der alte Heide erhob sich riesengroß in mir und rief mich mit Bergesstimme an: Odin! Odin! Alle Worte können die Gewalt dieser Worte nur von ferne streifen.« Leidenschaftlich lehnt er den Gott der Bibel ab.

Der Weltkrieg brach wie ein Sturm in das Traumleben Gorch Focks ein; er hat den Dichter in die Wirklichkeit dieses Lebens und seines Vaterlandes hineingestellt. Als er am 1. April 1915 zur Fahne einberufen wurde, fiel ihm wohl der Abschied von seiner jungen

Frau, seinem fünfjährigen Adolf und seiner einjährigen Metta bitter schwer; aber innerlich war ihm ganz klar: »Gorch Fock kann nicht hinterm Ofen bleiben, wenn das deutsche Volk in tiefster Not um sein Dasein kämpfen muss. Er gehört in die erste Reihe der Kämpfer ...«

Als Musketier hat Gorch Fock den Siegeszug Mackensens in Russland und bis tief in das serbische Bergland hinein mitgemacht. Zwei Monate lang stand er im Westen in der Hölle von Verdun. Wenn er auch bald auf höheren Befehl aus der ersten Linie zurückgezogen wurde, so hat er doch den Krieg mit all seinen Schrecken erlebt, und der Tod stand immer wieder an seiner Seite. Seiner Frau aber schreibt er: »Es ist doch zum Heil, dass ich Soldat geworden bin. Sieh das Glück: Wir haben uns für die Ewigkeit gefunden; ich bin innerlich und äußerlich gesundet und habe Anregungen künstlerischer Art fürs Schaffen meines ganzen Lebens.«

In einem Vortrag am 7. Januar 1916 sagt er: »Gott ist mehr als eine billige Lebensversicherung, bei der man keine Prämie zu zahlen braucht. Wer Gott jetzt nicht in seinem Leben findet, der gehört zu den ewig Blinden, die ihn niemals entdecken werden, und ist ein Mensch ohne Ewigkeit.«

Eine solche innere Wandlung hat Gorch Fock selbst im Kriege erlebt. Ausgezogen war er noch mit dem Glauben an einen deutschen Gott, der »mehr als Christ« ist und Donars Hammer trägt. Am 2. August 1915 heißt es aber bereits in seinem Tagebuch: »Ich komme geläutert zurück, es fällt noch viel von mir ab.« Doch hat er noch schwer um die Gewissheit des Glaubens zu ringen. »Luther, deine Zuversicht, deinen Glauben! Sie haben uns den Stachel des Zweifels fast zu tief ins Herz gedrückt!« Wie ein Jubelruf klingt es am 22. August desselben Jahres: »Ich weiß nicht, wohin Gott mich führt, aber ich weiß, dass er mich führt. Ich habe den Gott meiner Kindheit wieder gefunden! (...) Ich bin fröhlich, seit ich ganz zu Gott zurückgefunden habe.«

Nun ist dem Dichter auch das Beten wieder zur Herzenssache geworden. »Es soll keine Sitte von Urväterzeiten her sein, dass wir unseren Jungen abends beten lassen, es soll der lebendige Glauben an den Höchsten sein, der uns dazu treibt.« Auch in der Bibel und im Gesangbuch beginnt Gorch Fock wieder zu lesen.

Durch Vermittlung einflussreicher Hamburger Persönlichkeiten kam Gorch Fock 1916 zur Marine. Der Kleine Kreuzer S.M.S. »Wiesbaden« wurde seine neue Heimat. Nun war er endlich auf seiner geliebten See. Seine Gefechtsstation war das »Krähennest« im Fockmast. Das war so recht ein Platz für den Dichter, der hier alles beobachten konnte.

Ein Urlaub schenkte ihm noch einmal ein Wiedersehen mit den Seinen. Am 28. Mai 1916 kam er zu seinem Kreuzer zurück, und schon der 31. Mai wurde sein Schicksalstag. In der Nacht zum 30. Mai war das gesamte Kreuzergeschwader ausgelaufen. Die Hochseeflotte folgte. Am 31. Mai kam es zur Schlacht im Skagerrak, der größten Seeschlacht der Neuzeit. Eineinhalb Stunden sah Gorch Fock von seinem Krähennest diesem Kampf zu, ehe die »Wiesbaden« mit hineingezogen wurde. Da tauchte plötzlich gegen Abend am Horizont die »Great fleet« auf. Der drohenden Umklammerung suchen sich die deutschen Kreuzer mit äußerster Maschinenkraft zu entziehen. Da erhält die »Wiesbaden« einen Treffer in die Maschine und wird fahrtunfähig. 7.10 Uhr trifft ein Torpedo das Schiff und hebt den Kommandostand förmlich in die Luft. Auch der Fockmast fliegt mit Getöse in die See – und mit ihm Gorch Fock. Am 1. Juni ging die »Wiesbaden« nach beispiellosem Kampf in die Tiefe.

Vier Wochen später führten Wind und Wogen Gorch Fock an die schwedische Küste. Er trieb aufrecht stehend in seiner Schwimmweste im Wasser. Am 2. Juli 1916 wurde er auf der kleinen Felseninsel Stensholmen zur letzten Ruhe gebettet.

Aber auch von ihm mag gelten, was er als letzten Gruß eines Matrosen für seine Mutter in sein Tagebuch schrieb: »Und wenn du hören solltest, dass unser Kreuzer versunken und niemand gerettet sei – dann weine nicht. Das Meer, in das mein Leib versinkt, ist auch nur die hohle Hand meines Heilandes, aus der mich nichts reißen kann.«

Uns erscheint dieses schöpferische Dichterleben unvollendet abgebrochen. Auch Gorch Fock selbst hatte das Bewusstsein, dass er noch viel zu geben habe, und trug die Gedanken zu mehreren Büchern und Dramen in sich. Wichtiger aber als die Vollendung von Büchern ist die innere Ausreifung eines Menschen. Das glaubte auch Fock für sein Lebensschicksal. Er hat dies in einem schönen Wort ausgesprochen: »Ich bin gewiss, dass ich nur das erleben und erfahren werde, was zu meiner reifen Vollendung gehört. Das ist Gottes Wille und er geschehe.«

(Gekürzt, aus: Martin Haug, Die einen guten Kampf gekämpft, Calwer Verlag, 8. Auflage 1966)

b) Wissenswertes: Knoten über Knoten

Knoten machen kann eigentlich jeder. Denn alle Menschen benutzen im Alltag Knoten, um die unterschiedlichsten Dinge anzubinden oder festzumachen. In besonderer Weise brauchen Feuerwehrmänner Knoten, ebenso wie Handwerker, Bergsteiger, Taucher, Camper, Angler und natürlich vor allem Seefahrer. Aus dem Bereich der Seefahrt stammen deshalb auch die allermeisten Knoten. Das Standardwerk zum Thema Knoten kennt über 3800 verschiedene Arten für verschiedenste Zwecke. Natürlich müssen auch Seeleute nicht alle diese Knoten kennen. Ein paar wichtige genügen für viele Tätigkeiten. Einer der bekanntesten Knoten ist der Palstek. Er zieht sich bei Belastung nicht zusammen. Andere Knoten sind so angelegt, dass sie sich beim Ziehen am richtigen Ende mit einem Ruck lösen. So ähnlich funktionieren ja auch unsere Schleifen, etwa beim Schuhbinden. Schleifen – das sind übrigens »Kreuzknoten mit beidseitigem Slipstek«. Viele Knoten haben phantasievolle Beinamen wie Liebesknoten, Diamantknoten, Affenfaust oder Blutknoten. Der Knoten, den wir am Ende eines Nähfadens machen, wird »Halber Schlag« genannt. Knoten werden meistens aus Seilen gemacht und da haben in den letzten Jahrzehnten die Kunststoffseile aus Polypropylen, Polyäthylen, Polyester, Polyamid usw. die Naturseile aus Hanf, Sisal oder Manila weitgehend abgelöst. Man sollte darauf achten, dass das Seil immer lang genug ist. Denn wenn Leinen miteinander verknotet werden, so verlieren sie rund 50 % von ihrer Reißfestigkeit.

Flechtwerke und Netze gibt es schon seit rund 7 bis 10 000 Jahren. Tragegurte, Gürtel, Körbe und Steinschleudern wurden auf diese Weise hergestellt. Knoten finden sich auch als dekorative Elemente im Bereich der Kunst. Flache Knoten dienen bei uns als Topfuntersetzer, und vor einigen Jahren war die Herstellung von Makrameearbeiten sehr beliebt. Knoten werden bei der Herstellung von Fischer-, Fußball- oder Einkaufsnetzen gebraucht. Ärzte schließen Nähte mit einem speziellen chirurgischen Knoten. Und Knotentafeln, auf denen die unterschiedlichsten Knoten dekorativ präsentiert werden, sind ein beliebter Wandschmuck.

Ein beliebter Schmuck für den Zimmerboden sind Teppiche. Im Orient werden seit vielen Jahrhunderten in Handarbeit an waagrechten oder senkrechten Knüpfstühlen wertvolle Teppiche geknüpft. Beim Knüpfen werden immer zwei Kettfäden miteinander verknotet und der Knüpffaden wird anschließend kurz geschnitten. Ist die Knüpfreihe fertig, folgt eine oder mehrere Reihen mit Schussfäden. Im Orient sind vor allem zwei Knoten seit langem verbreitet: der symmetrische türkische Knoten (auch »Gördesknoten«), der sich mehr für geometrische Muster eignet, und der asymmetrische persische Knoten (auch »Sennehknoten«), mit dem man Rankenornamente besser darstellen kann. Der spanische Knoten ist im Orient fast unbekannt. Auch die Kettfäden werden am Schluss kunstvoll zu Fransen geflochten oder verknotet. Teppiche werden aus Wolle, Baumwolle oder Seide und für besonders wertvolle Stücke auch mit Gold- und Silberfäden hergestellt.

Schnüre und Schleifen spielen auch im Bereich der Kleidung eine wichtige Rolle. Neben Broschen, Gürteln, Spangen und Knöpfen stellten sie über viele Jahrhunderte eine wichtige Form des Verschlusses dar. Im späten Mittelalter befestigten Männer die Beinlinge und Ärmel mit Nesteln an ihrem Wams. Anfang des 17. Jahrhunderts trugen manche Landsknechte Kleidung, die von Nesteln und Schnüren nur so überquoll. Man kann sich vorstellen, dass das An- und Ausziehen dabei eine umständliche Sache war. Und noch heute wird in manchen Gegenden von »nesteln« geredet, wenn jemand umständlich und lange an etwas herumfingert.

Seit der Renaissance war die Schnürung des Leibes bei Frauen wie Männern beliebt zum Verschließen der Kleidung und zur Formung des Körpers. Männer schlossen mit Schnüren ihr Wams und banden sie dekorativ. Mit dem Ende des 16. Jahrhunderts wurde bei den Männern dann der Knopf zum hauptsächlich benutzten Verschluss. Frauen trugen einen Schnürleib als dekoratives Kleidungsstück, um ihre weibliche Figur zu betonen. Allerdings war diese Schnürung nicht gerade gesund und wurde Ende des 18. Jahrhunderts von Ärzten heftig kritisiert. Trotzdem gab es für Frauen bis ins 20. Jahrhundert hinein Korsetts zum Schnüren, die unsichtbar unter der Kleidung getragen wurden und die in der zweiten Hälfte des 19. Jahrhunderts den Schnürleib ablösten. Die Reformbewegung der 20er Jahre des vorigen Jahrhunderts befreite die Frauen weitgehend von diesen Zwängen.

Nesteln waren lange Riemen oder Schnüre, die an einem oder an beiden Enden mit Stiften beschlagen waren. Als Schnüre dienten Garn, Zwirn, Seide, Gold oder Silber. Von einer Wirtin in Schwieberdingen wird 1757 etwa berichtet, dass sie ein Mieder trug, das mit einer wertvollen silbernen Kette geschnürt wurde. Verschiedene Handwerker waren schon im Mittelalter mit der Herstellung dieser Verschlüsse beschäftigt: Nestler fertigten Riemen und Schnüre, Bortenwirker stellten Schleifen und Bänder her.

Schleifen wurden (und werden) auch an Hüten getragen und Schuhe werden bis heute mit einer »Schnur« gebunden. Auch die langen Bänder einer Schürze werden kunstvoll vorne verknotet.

Quellen:

Erwin Rodenberg, Leinen und Knoten. Knoten, Stiche und Bunde Schritt für Schritt; Richard Boorberg Verlag 2000

Floris Hin/Theo Kampa/Jaap Hille, Knoten, Fancywork und Spleiße; Delius Klasing Verlag 1988

Rodrick Owen, Geflochtene Kordeln und Tressen. Ein Anleitungsbuch mit über 250 Mustern; Verlag Paul Haupt 1996

Mario Bigon/Guido Regazzoni, Das Knotenbuch; Edition Maritim 1994

Enza Milanesi, Teppiche. Muster, Datierung, Provenienzen; Orbis Verlag, München 1997

Auf und Zu. Von Knöpfen, Schnüren, Reißverschlüssen ... Begleitband zur gleichnamigen Ausstellung im Museum für Volkskultur in Württemberg, Waldenbuch, Schloss, vom 23. Oktober 1994 bis 29. Januar 1995

c) Artikel: Die Brezel – ein verschlungenes Gebäck

Über Blondinen wird gewitzelt, dass sie keine Brezeln essen. Warum? Weil sie den Knoten nicht aufkriegen! Das Gleiche wird wahlweise auch von Ostfriesen oder Schweizern behauptet. Dabei haben Brezeln eigentlich gar keinen richtigen Knoten. Würde man die beiden Enden einer Brezel auseinander ziehen, so käme ein völlig knotenfreier langer Strang zum Vorschein. Sie können es ja mal an einer Schnur ausprobieren! Damit aus der Brezel ein richtiger Knoten wird, müsste ein Ende über, das andere unter das geschwungene Oberteil gelegt werden.

Brezeln werden geschlungen. Das allerdings ist eine Kunst für sich. Zwar gibt es heute im 21. Jahrhundert längst Brezelschlingmaschinen, aber vielerorts ist das Brezelschlingen noch Handarbeit und der Bäckermeister ist ganz besonders stolz darauf. Und weil das Brezelmachen nicht so ganz einfach ist, wurde es seit jeher bevorzugt auch den Bäckern überlassen. Kaum eine Hausfrau backt ihre Brezeln selbst!

Brezeln sind bei Jung und Alt beliebt. Und das ist schon seit vielen hunderten von Jahren so. Denn Brezeln gibt es schon sehr lange. Zunächst gab es in der Römerzeit ein ringförmiges Brot, das Ringbrot. Es wurde in kleineren Exemplaren von Christen als Abendmahlsbrot verwendet. Über die Jahrhunderte hinweg wurde diese Brotform langsam verändert, und seit dem 11. Jahrhundert hat die Brezel die Form, wie wir sie auch heute kennen. Dass die Brezel auch über diese Zeit hinaus noch ein Abendmahlsbrot war, wird manchen erstaunen. Seither wurden in verschiedenen Regionen unterschiedlichste Brezelschlingungen ausprobiert. Bis in unsere Zeit aber ist die Herkunft der Brezel aus dem religiösen Bereich sichtbar: Es gibt Fastenbrezeln, Karfreitagsbrezeln, Allerseelenbrezeln, Brezeln zu Martini, Neujahr und Fasching. Und mancherorts bekommen Kinder im Kindergottesdienst ihre Weihnachtsbrezel. Mal sind die Brezeln süß, mal salzig, mal hell oder dunkel. Geschlungen aber werden sie alle. Nur die Knabber-Dauer-Brezeln werden heutzutage meistens einfach aus dem Teig ausgestanzt.

Die Begeisterung für die Brezel hat längst den süddeutschen

Raum gesprengt. Ganz besonders beliebt ist die Brezel in einigen Gegenden der USA. Der US-Bundesstaat Pennsylvania wird scherzhaft sogar »Pretzelvania« genannt, und hier steht auch die größte Brezelfabrik der Welt. In den USA werden dabei etwa 90 % aller Brezeln maschinell geschlungen. Und weil sich in Pennsylvania einstens besonders viel fromme Siedler niedergelassen haben, ist hier auch eine religiöse Interpretation der Brezel zu finden: Beim Herstellen der Brezeln wird ein langer Strang in Form eines U gelegt. »Dabei sollen die offenen Enden nach oben zeigen, um den Weg zum Himmel für die Gebete frei zu machen. Anschließend schlingt man in der Mitte des U eine Windung als Zeichen des Ehebands. Die Enden werden oben zusammengelegt und festgesteckt, wobei drei Löcher als Symbol der heiligen Dreieinigkeit hineingedrückt werden.« Kein Wunder also, dass in Amerika am 26. April sogar der »National Pretzel-Tag« gefeiert wird.

Quelle: Irene Krauß, Gelungen geschlungen. Das große Buch der Brezel, Silberburg-Verlag, Tübingen 2003

d) Geschichte: Alexander der Große und der Gordische Knoten

In der Provinz Phrygien, einem Teil der heutigen Türkei, lag einst die Stadt Gordion. König Gordios hatte sie gegründet und ihr seinen Namen gegeben. Es war ums Jahr 334, als Alexander der Große auf seinem großen Persienfeldzug in Gordion Station machte. Es war Winter, und so ließ sich Alexander nach der Eroberung Kleinasiens für einige Zeit mit seinen Truppen in dem Städtchen nieder. Es blieb ihm sogar Zeit für ein bisschen Stadttratsch und dabei erfuhr er Interessantes: Auf der Burg gab es »einen Königswagen, an dessen Deichsel das Jochholz durch einen aus Baumbast geschürzten Knoten so kunstreich befestigt war, dass man weder Anfang noch Ende bemerken konnte. Ein altes Orakel verkündete, der würde die Herrschaft Asiens erlangen, der den Knoten löse. Als Alexander von dem Wagen erfuhr«, zögerte er nicht lange. Er ließ ihn sich zeigen. »Aber umsonst suchte er ein Ende des Bastknotens, und verlegen betrachteten die Umstehenden sein vergebliches Beginnen. Da zog er sein Schwert und durchhieb den ›Gordischen Knoten‹. Damit hatte er das Orakel, gleich viel wie, erfüllt.« Im Frühjahr zog Alexander dann gestärkt und mit frischem Kriegsvolk weiter. Er eroberte in den folgenden Jahren ganz Persien und Ägypten und kam mit seinen Truppen bis zum Indus. Dort allerdings wollten die Soldaten nicht mehr weiter und Alexander machte sich auf den Rückweg. In Babylon starb er mit 33 Jahren. Und tatsächlich hinterließ er ein riesengroßes Reich. Das größte in der Geschichte der antiken Welt.

Ob das aber nun wirklich an dem Gordischen Knoten lag?

Quellen:
Emil Nack/Wilhelm Wägner, Hellas. Land und Volk der alten Griechen, Ausgabe Deutscher Bücherbund, Carl Ueberreuter Verlag Wien (Zitate stammen aus diesem Buch)
Roger Rössing, Wie der Hering zu Bismarcks Namen kam, Komet Verlag GmbH, Köln

e) Gedicht von Erich Kästner

Erich Kästner dichtete über zwei Jahrtausende später über den Gordischen Knoten von Alexander dem Großen:

Den unlösbaren Knoten zu zersäbeln,
gehörte zu dem Pensum Alexanders.
Und wie hieß jener, der den Knoten knüpfte?
Den kennt kein Mensch.

(Doch sicher war es jemand anders.)

(Aus: Erich Kästner, Kurz und bündig,

f) Ein besonderes Bild: Maria Knotenlöserin

In der katholischen Kirche St. Peter am Perlach in Augsburg findet sich ein ungewöhnliches Marienbild mit dem Titel »Maria Knotenlöserin«. Das Bild stammt vermutlich aus der Zeit um 1700 und ist ein barockes Kunstwerk. Wie dieses Bild nach Augsburg kam und wer es gemalt hat, ist nicht bekannt.

Das Bild zeigt Maria, die ein langes weißes Band in den Händen hält. Der linke Teil des Bandes, von einem Engel gehalten, ist voller größerer und kleinerer Knoten. Der rechte Teil des Bandes ist dagegen ganz glatt, die Knoten sind bereits gelöst. Ein weiterer Engel hält es in der Hand. Maria widmet sich aufmerksam dem Knoten in ihrer Hand. Zu ihren Füßen befindet sich eine ebenfalls verknotete Schlange, auf deren Kopf sie tritt. Der untere Teil des Bildes zeigt eine andere Szene: Ein Engel, ein Mann und ein Hund eilen auf einen erleuchteten Hügel zu, auf dem sich einige Gebäude befinden. Nach Tobias 5,4-6,19 begleitet der Engel Rafael hier den jungen Tobias auf jener Reise, auf der er seiner Braut begegnen wird. Dieses Motiv ist der Grund, weshalb das Maria-Knotenlöserin-Bild von vielen Menschen besucht wird, die für einen passenden Ehepartner bitten wollen oder Eheprobleme haben.

Auch wenn uns eine derartige Marienfrömmigkeit vielleicht fremd ist, so ist das ungewöhnliche Bild doch im Blick auf das Knotenthema interessant. Die Verehrung dieses Bildes zeigt, dass viele Menschen sehr wohl wissen, dass sie himmlische Hilfe brauchen, um den einen oder anderen Knoten in ihrem Leben zu lösen.

Das Bild der Knotenlöserin lässt sich auf der Internetseite des Bistums Augsburgs ansehen (www.bistum-augsburg.de).

Quellen:

Bildbetrachtung von P. Waldemar Moll SJ, hrsg. vom Bürgerverein St. Peter am Perlach, Augsburg 1984

Benedikta Hintersperger, Maria vom Knoten – Knotenlöserin, in: Spendel/Wagner (Hrsg.), Maria zu lieben. Moderne Rede über eine biblische Frau, Pustet Verlag, Regensburg 1999

g) Erzählung: Baumwollschürzen

Vor vielen Jahren, als meine Urgroßmutter noch sehr munter war, hörte sie von einer Frau, die auf einer weit abgelegenen Bergfarm lebte. Diese Frau Hunter kam niemals ins Dorf herunter, um etwas einzukaufen oder zur Kirche zu gehen, weil sie Angst hatte, die Leute würden sie verspotten, denn sie hatte eine Indianerin zur Mutter gehabt und ihre Haut war aus diesem Grund sehr dunkel. Außerdem war ihre Familie sehr einfach, und ihrer Meinung nach waren ihre Kleider nicht gut genug, um darin zur Kirche zu gehen. Sie hatte sich so lange nicht mehr unter Menschen sehen lassen, dass sie zudem sehr schüchtern geworden war – so scheu wie ein Reh. Wann immer sich ein Fremder zu ihrer Farm verirrte, verschwand sie schnell im Haus und versteckte sich.

Kaum hörte meine Urgroßmutter von dieser Frau, da stieg sie auch schon in den kleinen alten Familienwagen und ließ sich von einem unserer Jungen auf den Berg zur Hunter-Farm fahren. Mrs. Hunter hängte gerade Wäsche auf die Leine, als Urgroßmutter auf den Hof fuhr. Und bevor sie sich noch zurückziehen und verstecken konnte, sprang Urgroßmutter aus dem niedrigen kleinen Wagen und sagte: »Kommen Sie, lassen Sie mich Ihnen helfen!« Daraufhin stellte sie sich unbeirrt neben Mrs. Hunter und half ihr, die Laken, Handtücher und Männerhemden aufzuhängen.

»Du meine Güte, wie sauber Ihre Wäsche ist!«, murmelte sie, den Mund voller Wäscheklammern. »Sie ist weiß wie frisch gemolkene Milch! Wie stellen Sie denn Ihre Seife her? Fügen Sie Salz hinzu?«

Nachdem sie den großen Korb mit Wäsche aufgehängt hatten, hatte die dunkelhäutige, schwarzhaarige Frau aus den Bergen dieser kleinen munteren Frau aus dem Tal gegenüber alle Schüchternheit verloren. Sie plauderten miteinander vergnügt in der Küche, während sie das Frühstücksgeschirr abwuschen und sich schließlich zusammen vor den Korb mit Flickwäsche setzten. Neben allen möglichen anderen Themen besprachen sie auch die Frage des Kirchganges. Bevor sich die Besucherin schließlich verabschiedete, versprach Mrs. Hunter, am folgenden Sonntag zur Kirche zu kommen, wenn sie mit Urgroßmutter zusammen fahren und neben ihr in der Bank sitzen könne.

Am folgenden Sonntag standen also wie verabredet Urgroßmutter, ihre Tochter und ihre kleine Enkeltochter wartend auf der

Veranda. Sie trugen ihre besten Sonntagskleider, Hauben auf dem Kopf und hielten ihre Gebetbücher in der Hand. Sie lächelten Mrs. Hunter an, als Mr. Hunter sie in ihrem Pferdefuhrwerk vorbeibrachte.

Mrs. Hunter trug auch eine Haube über ihrem glatten schwarzen Haar, und da es ein kühler Tag war, hatte sie einen warmen Umhang umgelegt. Außerdem waren ihre Schuhe blank poliert, und weil sie eine waschechte Landfrau war, gehörte zu ihrer Vorstellung von einem Sonntagsstaat auch eine frisch gewaschene und gebügelte Schürze. Also hatte sie eine große blau karierte, frisch gestärkte Baumwollschürze über ihren Mantel gebunden.

Meine Tante – Urgroßmutters Enkelin und das kleine Mädchen an jenem Tag auf der Veranda – erzählte mir, sie und ihre Tante hätten über die große Schürze über dem Mantel sehr gestaunt. Verblüfft hätten sie die Augen aufgerissen und beinahe die Hände auf den Mund gepresst, um ihr Grinsen zu verbergen. Aber Urgroßmutter drehte daraufhin augenblicklich das kleine Mädchen schwungvoll herum und schob sie ins Haus zurück. Über die Schulter hinweg rief sie schnell noch Mrs. Hunter zu:

»Also, ist es denn zu glauben, die Mädchen und ich haben doch tatsächlich vergessen, unsere Schürzen anzuziehen. Es wird nicht lange dauern.«

Im Haus banden dann alle drei ihre besten Schürzen über ihre Mäntel. Sie selbst wählte die größte, die sie besaß, und band sie am Rücken zu einer dicken Schleife. Hoch erhobenen Hauptes schritten anschließend alle vier in ihren Schürzen durch die Kirche zu ihren Plätzen. Die meisten anderen Gemeindeglieder saßen bereits in den Bänken und betrachteten sie erstaunt, doch Urgroßmutter hatte ihren gewissen Gesichtsausdruck und hielt den Blicken ungerührt stand. Woraufhin die Leute verstanden, und ihre Kinder ermahnten, nicht zu lachen.

Am Ende des Gottesdienstes kamen schließlich alle, um Mrs. Hunter zu begrüßen, denn sie wussten, dass Urgroßmutter ihnen die Leviten lesen würde, wenn sie es nicht taten. Sie sagten ihr, sie seien froh, sie in der Kirche zu sehen, und hofften, dass sie von jetzt an öfter käme. Danach kam Mrs. Hunter jeden Sonntag in die

Kirche – ohne Schürze. Irgendwann im Laufe der folgenden Woche hatte Urgroßmutter beiläufig bemerkt, es sei nicht nötig, am Sonntag eine Schürze zu tragen.

Dorothy Canfield Fisher, aus: Alice Gray (Hrsg.), Eine Kerze für Sarah und andere Geschichten, die das Herz berühren; Gerth Medien, Asslar 2000

h) Kurioses und Heiteres

Der »Zugstek« ist ein Knoten, der sich mit einem Zug am richtigen Seilende sofort und leicht lösen lässt. Zieht man dagegen am anderen Seilende, so hält der Knoten fest. Anscheinend wurde dieser Knoten gerne von Straßenräubern benutzt. Am festen Ende banden sie ihr Pferd an, das lose Ende verhalf ihnen zu einer schnellen Flucht. (Bigon/Regazzoni)

Mönche binden ihre Gürtel mit speziellen Knoten. Deshalb gibt es auch einen Franziskaner- bzw. Mönchsknoten. Außerdem knüpfen Mönche drei kleinere Knoten in ihre Gürtel, die sie an die drei Gelübde erinnern (Gehorsam, Armut, Keuschheit).

Knoten können anstatt Knöpfen verwendet werden. In China ist das zum Beispiel der Fall: Als Knöpfe werden Knoten benutzt mit dem sinnvollen Namen »Chinesischer Knopf«. (Bigon/Regazzoni)

Die »Reeperbahn« war ursprünglich eine lange gerade Straße und war nicht nur in Hamburg zu finden. Oftmals benötigten die Taumacher die ganze Straßenlänge zur Herstellung ihrer langen Schiffstaue. Einige zehntausend Meter Seil brauchten mehrmastige Segelschiffe für ihre Takelage. (Bigon/Regazzoni)

Vexierspiele mit Knoten sind altbekannt und weit verbreitet. Von Afrikanern und Eskimos, Chinesen und Norwegern wurden sie hergestellt. Bei diesen Spielen ist eine Schnur oder eine Kordel etwa an einem Stück Holz befestigt, und es geht nun darum, mit Geschick und Tricks die Schnur zu entknoten. (Delft/Botermans)

Manche Zauberer können tolle Entfesselungstricks vorführen.

David Livingstone (s. Thema »Puzzle« 4a) arbeitete als Kind wie viele seiner Altersgenossen in einer Baumwollspinnerei. Die meisten dieser Kinder arbeiteten als »piecer«. Ihre Aufgabe war es, die Fäden zusammenzuknoten, um so eine gute Garnqualität zu erhalten. Diese Tätigkeit verlangte besondere Geschicklichkeit, da die »piecers« bei vollem Betrieb auf den Maschinen balancieren oder unter ihnen hindurchkriechen mussten. (Marc/Sovák)

Knoten und Schnüre dienten auch zum Zählen: Alte peruanische Völker nahmen Schnüre in verschiedenen Farben und befestigten sie an einem Stab oder einem Stück Faden. Verschiedene Farben bezeichneten verschiedene Gegenstände, die in die Schnüre eingeknüpften Knoten markierten die Anzahl.

Witz:

Jana ist ein neues Mitglied bei den Pfadfindern. Stolz kommt sie nach dem ersten Treffen nach Hause. »Papi, heute haben wir gleich gelernt, wie man die tollsten Knoten knüpfen kann!« – »Sehr schön. Und was wollt ihr nächste Woche machen?« – »Da werden wir wohl den Gruppenführer von den Stricken befreien!«

(Aus: Reinhold Reitberger, Die Lachbombe. Witze zum Losplatzen, Franz Schneider Verlag, München 1993)

5. Unterhaltsames

a) Sketch: Die Knoten-öffne-dich-Methode

Personen: 2 ältere Frauen (Else und Ursel)

Requisiten: Sofa, Tisch, Servierbrett mit zwei Tassen, Kanne und Gebäckschale, Schnürschuhe, Stuhl, auf dem Folgendes liegt: Handtasche mit langem Riemen, Halsschal, Jacke

Ursel sitzt auf dem Sofa. Else kommt mit einem Servierbrett herein. Darauf stehen zwei Tassen, eine Kanne und eine Schale mit Gebäck. Sie deckt den Tisch und fängt nebenher an zu reden.

Else: Ach Ursel, das freut mich ja so sehr, dass du mich heute besuchen kommst. Wir haben uns schon so lange nicht mehr gesehen. Jetzt können wir endlich mal wieder in Ruhe miteinander reden. *(Sie setzt sich und schenkt Tee ein.)* – Ich hoffe, der Tee schmeckt dir. Das ist eine ganz neue Sorte. Ein Erdbeer-Zitronen-Melisse-Tee. Ich habe ihn heute zum ersten Mal gekocht.

Ursel: Da muss ich aber gleich probieren. *(Sie nimmt die Tasse und nippt daran.)* Hm – er ist zwar noch ein bisschen heiß, aber er schmeckt lecker. Und wie der duftet! – Zum ersten Mal hast du ihn heute gemacht? – Was du immer so ausprobierst! Immer wieder was Neues! Und das in deinem Alter!

Else: Immer wieder mal was Neues, das erhält eben jung und beweglich.

Ursel: Meinst du wirklich? – Vielleicht sollte ich ja auch mal einen neuen Tee kaufen. Ich fühle mich manchmal schon so richtig eingerostet. Und mein Gedächtnis, das funktioniert auch nicht mehr so richtig.

Else: *(triumphierend)* Da habe ich was für dich: Die Knoten-öffne-dich-Methode. Die bringt dein Gedächtnis wieder so richtig in Schwung.

Ursel: *(fragend)* Die Knoten-öffne-dich-Methode? Das habe ich ja noch nie gehört? Ist das auch was Neues?

Else: Brandneu! *(vertraulich)* Ich habe sie nämlich erst vor drei Tagen erfunden!

Ursel: *(sehr erstaunt)* Du hast sie selber erfunden? Da bin ich aber sprachlos.

Else: Ja, stell dir vor! Und sie ist absolut genial, die Erfindung des Jahres. *(vertraulich)* Ich habe mir sogar schon überlegt, ob ich sie patentieren lasse. Oder vielleicht bekomme ich ja den Nobelpreis dafür?

Ursel: Na ja, jetzt übertreib mal nicht. Erzähl mir lieber, wie diese Knoten-öffne-dich-Methode funktioniert. Vielleicht ist sie ja auch was für mich.

Else: Das ist ganz einfach. *(Sie zieht ein Taschentuch mit einem Knoten heraus.)* Hier ist mein Taschentuch und darin ist ein Knoten. Und wenn ich den Knoten öffne, dann fällt mir – schwupp – wieder ein, was ich heute Nachmittag eigentlich tun wollte.

Ursel: Na hör mal, Else, das mit dem Knoten im Taschentuch, das hat schon mein Großvater gemacht. Das ist nun wirklich keine neue Erfindung.

Else: Aber das ist doch erst der Anfang! *(etwas beleidigt)* Du musst mich eben auch ausreden lassen. – Also, wenn ich den Knoten öffne, dann fällt mir schlagartig ein, was ich als Nächstes tun wollte. – Ich mach's dir mal vor. *(Sie öffnet den Knoten und überlegt kurz.)* Ah ja, ich hab's schon, ich wollte meinen Halsschal anlegen. *(Sie geht zum Garderobenhaken und nimmt den Halsschal herunter, in dem sich auch ein Knoten befindet. Sie zeigt den Knoten demonstrativ.)* Und siehst du, da ist schon mein nächster Knoten. *(öffnet den Knoten)* – Und da fällt mir gleich ein: Schuhe anziehen! – *(freut sich)* Ist das nicht genial, wie das Ganze funktioniert!? *(Sie holt ihre Schuhe.)* Und hier – *(hält den Schuh und den Schnürsenkel, in dem der Knoten ist, in die Höhe)* – der nächste Knoten. *(Sie beginnt den Knoten zu lösen und redet weiter.)* Den mach ich jetzt auf und – schwupp – fällt mir ein: Handtasche. Handtasche. *(Sie geht und holt die Handtasche mit einem langen Riemen, in dem sich ein Knoten befindet. Sie hebt die Handtasche hoch und zeigt den Knoten und öffnet ihn. Sie murmelt vor sich hin.)* Handtasche? Handtasche? *(lauter)* Ach ja, Handtaschenknoten bedeutet: Jacke anziehen. *(Sie geht zum Garderobenstuhl und zieht die Jacke an.)*

Ursel: Und jetzt? Wo willst du denn jetzt hin?

Else: Wo ich hin will? ... Wo ich hin will? ... Das habe ich leider vergessen!

Quelle: Susanne Fetzer

b) Bewegungsidee

Machen Sie eine Polonäse durchs Haus mit vielen knotenähnlichen Verschlingungen.

c) Spiele

Rätselspiel:

Rätsel sind wie Knoten, die es zu lösen gilt. Deshalb liegt es nahe, Knoten und Rätsel miteinander zu verbinden. Knüpfen Sie in ein langes Seil (2-3 m) ca. 15-20 Zettel mit Rätseln. Die Knoten müssen nun abwechselnd von jeder Gruppe aufgeknotet werden und die Fragen werden vorgelesen. Alle dürfen antworten. Zur Gruppeneinteilung eignet sich das Schleifenspiel gut (s. unten).

Stellen Sie vor Beginn noch eine *Schätzfrage:* Wie lange wird die Schnur, wenn alle Knoten raus sind?

Rätselfragen:

1. Je mehr es bekommt, desto hungriger wird es. Hat es alles gefressen, so stirbt es. (Feuer)
2. Man lässt ihn sprechen, man lässt ihn stechen. Er ist ein Vogel und ein Gebrechen. (Star) F. Schleiermacher
3. Es kommt ein Knabe gegangen,
   mit klingenden Glocken behangen,
   sagt, Müßiggang heiße ihm Pflicht.
   Und was ihm die Brüder mit Darben,
   mit Mühen und Sorgen erwarben,
   verzehrt er im lecker'n Gericht.
   Sonst schön wie ein Engel und heilig dazu,
   missgönnt er dem Küster und Pfarrer die Ruh'.
   (Sonntag) J. P. Hebel
4. Was ist das: Es rüttelt sich und schüttelt sich und macht ein Häuflein unter sich? (Sieb)
5. Ich habe viele Häute und beiße alle Leute. Wie heiße ich?
   (Zwiebel)
6. Es hat zwei Eingänge, und wenn man mit den Füßen schon draußen ist, ist man erst richtig drinnen. Was ist das?
   (Hose)
7. Wann hat der Mensch so viele Augen, wie das Jahr Tage hat?
   (am 2. Januar)
8. Im Frühling erfreut es uns, im Sommer kühlt es uns,
   im Herbst sättigen uns seine Früchte, im Winter wärmt es uns.
   Was ist das? (Baum)
9. Wenn du es sagtest, wärest du nicht klug.
   Wenn du es hättest, wär's mehr als genug.
   Wenn du es entbehrtest, wärst du nicht glücklich.
   Wenn du es wünschtest, wär' es nicht schicklich.
   Wenn du es glaubtest, wärst du zum Spott.
   Wenn du es könntest, wärst du ein Gott.
   (alles) Franz Brentano
10. Wer es macht, der nennt es nicht,
    wer es sucht, der kennt es nicht.

Findet er's, wird's hinterdrein
nicht mehr, was es war, ihm sein. (Rätsel)

11. Dass mancher es bei Tafel liebt,
das lässt man sich gefallen.
Doch wer es selbst zu allem gibt,
macht sich verhasst bei allen. (Senf)
12. Ein Bruder ist's von vielen Brüdern,
in allen ihnen völlig gleich,
ein nötig Glied von vielen Gliedern
in eines großen Vaters Reich;
jedoch erblickt man ihn nur selten,
fast wie ein eingeschobnes Kind:
Die andern lassen ihn nur gelten
da, wo sie unvermögend sind. (Schalttag) J. W. von Goethe

Scherzfragen:

1. Welcher Stand ist der klügste? (Verstand)
2. Wer spricht alle Sprachen? (Echo)
3. Welche Birne kann man nicht essen? (Glühbirne)
4. Manche Monate haben 30 Tage, manche 31. Doch wie viele Monate haben 28 Tage? (alle 12 Monate)
5. Welches Tier ist dem Wolf am ähnlichsten? (Wölfin)
6. Was kann man nicht mit Worten ausdrücken? (Lappen)
7. Was ist längst fertig und wird doch täglich gemacht? (Bett)
8. Wann ist es gefährlich, in den Garten zu gehen? (im Mai, da schlagen die Bäume aus)

Wettspiele:

Jede Frau einer Gruppe oder Stuhlreihe bekommt ein Stück Schnur. Alle Mitglieder einer Gruppe müssen nun möglichst schnell alle Schnurteile zu einer möglichst langen Schnur zusammenknoten.

Einige Frauen bekommen (je gleich viel) Wolle, die sie nun zum Knäuel aufrollen müssen.

Wer hat am schnellsten 20 Knoten in eine Schnur geknüpft?

Jede Gruppe (mit 2 oder 3 Frauen) bekommt einen Karton und eine Schnur. Damit muss das Paket in 3 Minuten fest verschnürt werden. Dann wird das Paket an eine Nachbargruppe weitergegeben, die es nun möglichst schnell entknoten muss.

Sicher kennen Sie auch das beliebte Kindergeburtstagsspiel »Schokoladeauspacken«. Eine Tafel Schokolade wird in Papier eingepackt, verschnürt, wieder eingepackt und verschnürt usw. Reihum wird gewürfelt, wer eine 6 hat, darf auspacken. (Machen Sie das Spiel ohne Requisiten wie Schal, Handschuhe oder Messer und Gabel. Verschnüren Sie die einzelnen Schichten nicht zu stark, so dass es noch mit den Fingern aufzuknoten ist.)

Ein amüsantes *Spiel* für Frauen, die noch gelenkig sind: Stellen Sie sich alle in einen engen Kreis, verschließen die Augen und versuchen Sie nun mit jeder Hand eine andere Hand zu fassen. Dann dürfen Sie die Augen aufmachen und sehen die »Bescherung«: Alle sind miteinander verknotet. Dieser Knoten sollte nun möglichst ohne Loslassen der Hände entwirrt werden, indem sich einzelne Frauen drehen, die Hände über den Kopf gehoben werden oder mit den Füßen über die verknoteten Arme gestiegen wird. Natürlich müssen dabei alle zusammen überlegen, wer mit wem welche Bewegung ausführen muss. Das Spiel eignet sich für einen nicht zu großen Kreis.

Machen Sie ein *»Spinnennetz«*. Dazu sitzen Sie im Kreis. Die erste wirft nun einer Frau, die möglichst auf der anderen Kreisseite sitzt, einen Wollknäuel zu, behält aber das Ende in der Hand. Die zweite Frau hält den Faden fest und wirft den Knäuel der dritten Frau zu usw. So spinnt sich das Netz von einer zur anderen. Statt einander nur zuzuwerfen, können Sie das Ganze auch mit einem zusätzlichen Spiel verbinden: Jede, die den Knäuel wirft, muss einen Tiernamen sagen. Die Zweite muss mit dem Buchstaben beginnen, mit dem das erste Tier geendet hat usw. Ist das Netz fertig, bietet sich ein Gedankenaustausch an: Wie ist das mit Netzen und Knoten in unserem Leben? Anschließend versuchen Sie, das Netz wieder zu entknoten, indem Sie einander den Knäuel in umgekehrter Reihenfolge zuwerfen.

Dieses Spiel kann in der ersten Phase des Abends als Einstieg ins Thema dienen.

(Vgl. auch: Ursula Stöhr, Das Seniorenspielbuch, Beltz Verlag 1993)

d) Schleifengeschichte – Gymnastik

Dieses *Spiel* eignet sich gut *zur Gruppeneinteilung*. Dazu brauchen Sie verschiedene Arten von Geschenkband, so viel wie Sie Gruppen haben möchten. Aus den Bändern werden vor der Gruppenstunde Schleifen gebunden und an ihnen wird eine Sicherheitsnadel befestigt. Die Frauen sitzen im Stuhlkreis, einige wenige Schleifen werden auf den Boden gelegt, und dann wird die unten stehende »Schleifengeschichte« vorgelesen. Immer wenn das Wort »Schleife« vorkommt, müssen die Frauen nun versuchen, eine Schleife auf dem Boden zu bekommen. Dann werden die nächsten Schleifen auf den Boden gelegt usw., so dass zum Schluss jede Frau eine Schleife hat. Bei diesem Spiel sollte eine Frau die Geschichte vorlesen, je eine andere die nächsten Schleifen auf den Boden legen.

»Als ich neulich nach Hause kam, sank ich müde in meinen Sessel und dachte, das war ja wieder mal ein Tag. Nun werde ich mir den Abend gemütlich gestalten und keine Arbeit mehr anrühren. Da klingelte es. Ich ging zur Wohnungstür, öffnete sie, und vor mir stand meine Nachbarin. ›Das wurde für Sie abgegeben‹, sagte sie. Einen Karton mit buntem Papier umwickelt und mit einer großen Schleife geschmückt hielt sie mir entgegen. Ich bedankte mich, ging zurück zu meinem Sessel und hielt den Karton in der Hand. Die große Schleife auf dem Karton erinnerte mich an mein Konfirmationskleid. Es hatte eine große Schleife an der Taille. Und Schleifen hatte ich auch an meinen Kniestrümpfen und Söckchen, die mir meine

Mutter immer strickte. Schleifen liebte ich auch später noch. Mein erster Hut hatte seitlich an der Krempe eine schöne grüne Schleife. Darunter hatte ich das Haar manchmal mit einer Zopfschleife fest gehalten. Den Hut trug ich meist, wenn wir ausgingen. Hans hatte dann seinen dunklen Anzug und sein weißes Seidenhemd an und die gestreifte Schleife um. Dazu trug er Slipper; denn Schnürsenkel-Schuhe mochte er nicht, weil sich an denen die Schleifen immer so schnell lösen. Wenn ich ihn manchmal an seine offenen Schleifen erinnerte, sagte er mir: ›Ach, lass mal Uschi, das mit den Schleifen schleift sich ein, wenn man es lang genug schleifen lässt.‹ Ja, in Verlegenheit kommt er nie, wenn er es sich bequem machen will. Argumente und Ausreden hat er immer, dafür müsste er einmal einen Orden bekommen mit einer großen Schleife auf der Brust. Solch einen Orden, den man den Siegern eines Schleifen-Turniers beim Tennis verleiht. Oder vielleicht eine Schleife in der Art und Größe, wie man sie an Siegerkränzen hat, die Rennfahrer verliehen bekommen, wenn sie in großer Geschwindigkeit ihre Kurven und Schleifen gefahren und Erste am Ziel sind.

Anders verhält es sich mit Männern, die dafür sorgen, dass alles geschliffen ist. Sie schleifen nämlich Messer und Scheren, selbst verbogene und ausgefranste Schnittflächen schleifen sie wieder glatt und scharf. Was so ein richtiger Scherenschleifer ist, der schleift sogar Rasiermesser, Pedikürscheren, Rasenmäher, Äxte, Schraubenzieher, Meißel und schleift, wenn er so richtig im Schleifen ist, auch Teppichmesser, Fleischmesser und Veredelungsmesser. Ja, Schleifer und Schleifen haben immer etwas mit Erneuerung und Verschönerung zu tun.«

Man kann das Spiel auch am Tisch sitzend anbieten, wobei die Mitte des Tisches samt Schleife für alle gleich gut zu erreichen sein müsste.

(Aus: Ursula Stöhr, Das Seniorenspielbuch. 250 praktische Anregungen für die Gruppenarbeit, Beltz Verlag 1993)

e) Weitere Ideen

Verschiedene Knoten für Halsschals zeigen und miteinander ausprobieren.

Buchzeichen gestalten: Bereiten Sie entsprechende Kartons vor, in die unten ein paar Löcher eingelocht werden. Dahinein werden nun bunte Fäden eingeknüpft. Nach Lust und Laune können diese auch noch geflochten werden.

Verteilen Sie Schnüre und probieren Sie ein paar verschiedenartige Knoten aus. (Infos aus dem Internet oder aus Knotenbüchern)

Stellen Sie Schnüre aus bunten Wollfäden für Geschenkverpackungen her. (Jeweils zwei Frauen stehen gegenüber und drehen eine Schnur.)

f) Preise

Schnürsenkel, Schnur, Taschentuch mit Knoten drin, ein Stück Spitze, etwas Gehäkeltes, Gestricktes, Geknüpftes, Fertig-Deko-Schleifen für Geschenke, geschlungener Topfuntersetzer, Einkaufsnetz, Haarnetz, kleine Vexierspiele, Knabberbrezeln

6. Gestaltungsideen

a) Knoten knoten

Natürlich bietet es sich bei diesem Thema an, auch ein paar verschiedene Knoten miteinander auszuprobieren. Jede Frau bekommt dazu kurze Schnüre, die nicht zu dünn sein sollten.

Achterknoten

Dieser einfache Knoten verhindert das Durchrutschen eines Seils durch die Öse. Er wird auch benutzt, um das Ausfransen eines Seilendes zu verhindern.

1. Schritt

2. Schritt

3. Schritt

4. Schritt: fertiger Knoten

Weberknoten

Der viel benutzte Weberknoten wird auch Kreuzknoten oder Samariterknoten genannt und eignet sich gut, um zwei Seile miteinander zu verbinden. Er hält aber nur dann wirklich gut, wenn zwei gleichartige Seile verwendet werden.

1. Schritt: Ausgangspunkt sind zwei Schnüre

2. Schritt

3. Schritt

4. Schritt: fertiger Knoten

Räuberknoten

Dieser Knoten wurde anscheinend gerne von Räubern im Wilden Westen benutzt: Die Schnur wurde mit dem Knoten zum Beispiel an einem Zaun befestigt. An dem einen Ende (linkes Ende auf der Abbildung) banden die Räuber dann ihr Pferd fest – die Schnur hielt bombenfest. Kamen sie dann auf ihrer Flucht zurück, konnten sie mit einem Ruck ihr angebundenes Pferd wieder lösen und davonreiten – sie mussten nur am anderen Ende ziehen (unteres Ende auf der Abbildung).

Natürlich kann man mit diesem Knoten auch andere Dinge, die man gerne auf leichte Weise später wieder lösen möchte, irgendwo anknoten.

1. Schritt

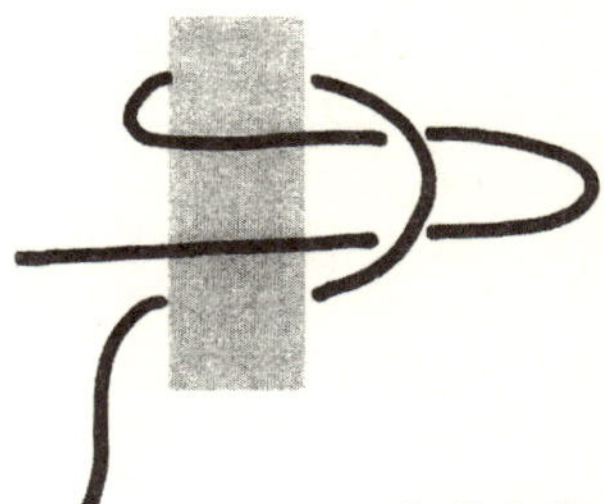
2. Schritt

3. Schritt

4. Schritt:
Der Knoten wird festgezogen

b) Weitere Ideen

Zum Mit-nach-Hause-Geben eignet sich eine Karte, auf der ein passender Spruch steht und zwei Löcher eingelocht wurden. Jede Frau darf sich ein Stück (vorbereitetes) Geschenkband aussuchen, dieses Band durch die Löcher ziehen und die Schleife selber binden.

Zum Essen eignet sich »knotiges« Gebäck: Brezeln, Hefezopf oder Hefeknoten, Flachswickel

7. Vorschlag für den Stundenablauf

1. Lied: EG Regionalteil W 627: Ich werfe meine Fragen hinüber, wie ein Tau von einem Schiff ans Land
2. Begrüßung und Vorstellung des Themas
3. Brainstorming: Was fällt uns zum Thema »Knoten« alles ein?
4. Andacht und Gebet (s. 3)
5. Lied: JN IV 945: Danke, mein Vater, für alles was du schenkst
6. Knoten-aufknüpf-Rätsel (s. 5c)
7. Kaffeepause
8. Kleine Wettspiele (s. 5c)
9. Lied: Ännchen von Tharau
10. Spiel: Päckchen verknoten und aufpacken (s. 5c)
11. Lied: Im schönsten Wiesengrunde
12. Geschichte von Rahab erzählen oder aus einer Erzählbibel vorlesen (Josua 2,1-24; 6,1-27))
13. Lied: EG Regionalteil BT 572; Ö 571; R, RWL 607; W 565: Herr, wir bitten: Komm und segne uns

8. Literatur und Adressen

Literatur:

Bücher über Knoten

Stundenbilder für die Frauenarbeit, hrsg. von E. Diehl, B. Blunck, G. Strauch, R. Brockhaus Verlag 1992

Internet:

Überblick über Knoten und wie man sie macht:
www.klabautermann.de
www.scoutnet.de

Susanne Fetzer

Lachen und Schmunzeln ist gut gegen Runzeln

Originelle Entwürfe für unvergessliche Stunden im Frauenkreis

176 Seiten, Paperback, Bestell-Nr. 111 252

»Die Ankunft eines guten Clowns in einer Stadt ist wertvoller als dreißig mit Medikamenten beladene Esel«, sagt ein orientalisches Sprichwort. Das gilt sicher auch für Gemeinden und ihre Kreise. Und wenn schon dem Körper durch Lachen geholfen werden kann – dann der Seele erst recht! Wie gut tut es, wenn man sich mit dem Thema befasst, bei dem es auch etwas zu lachen gibt!

Dieses Buch bietet Programme für Nachmittage oder Abende im Frauen- oder auch Seniorenkreis, die bis ins Detail ausgearbeitet sind. Lieder, Gedichte, Sketche, Lebensbilder und Spiele verbinden immer wieder Tiefgang mit Humor und bilden einen reichen Fundus für jeden Mitarbeiter.